イラスト図解で すっきりわかる国語

樺山 敏郎 著

東洋館出版社

はじめに

国語科は、言葉の教育です。言葉そのものを対象として学び、言葉の力を伸ばしていく使命があります。そしてそのためには、教師がその力を系統的に捉えて指導していくことが肝要です。しかし、その系統性の把握に難しさを感じるのが、国語科の特徴です。

2020（令和2）年4月より実施されている現在の平成29年告示学習指導要領の要諦は、教育課程全体を通して育成を目指す資質・能力を三つの柱（ア「知識及び技能」、イ「思考力、判断力、表現力等」、ウ「学びに向かう力、人間性等」）に基づいて、各教科等の目標や内容が再整理されたことであります。国語科には、身に付けた「知識及び技能」を活用して、実生活とのつながりを意識した「話す・聞く、書く、読む」という言語行為の中で、「思考力、判断力、表現力等」の育成を図り、国語の大切さを自覚し国語を尊重していくような学びの展開が求められています。また、国語科の目標の冒頭には「言葉による見方・考え方を働かせ、言語活動を通して」という文言が明記されています。国語科における深い学びの実現に向けて、言葉による見方・考え方をどのように働かせ、言語活動の質をどのように向上させていくのかなどが喫緊の課題です。

令和6年12月25日、文部科学大臣より中央教育審議会に対して、「初等中等教育における教育課程の基準等の在り方について」及び「多様な専門性を有する質の高い教職員集団の形成を加速するための方策について」の諮問がなされました。今後、社会の変化や学習指導要領の改訂等を見据えた教育課程の方向を展望しながら、全ての学習の基盤となる言語能力の育成の要である国語科の使命や役割を再検討していくことが重要です。

こうした改革の動向に注視しつつ、現在の課題を解決していくためには、やはり第一義は学習指導要領の目標や内容を熟知することでしょう。国語科の学習指導においては、指導すべき事項は『小学校学習指導要領（平成29年告示）解説　国語編』に詳しく記述されています。しかし、学習用語の定義が多様であり、それが螺旋的・反復的に示されることにより、指導事項を明確に捉えた指導に難しさを感じている教員も少なくありません。“教材を教える”のでなく、“教材で教える”という理屈は理解できていても、教科書教材で指導事項をどこまで具体化して指導すればよいのかという悩みが尽きないのが、国語科です。

そこで、学習指導要領に示されている小学校国語の目標、指導事項を分かりやすく図解（イラスト）し、ビジュアル化、構造化することで、全国の小学校教員の日々の国語科授業をサポートしようと、本書を刊行しました。本書を手に取ってくださった方々の明日からの国語科授業づくりの一助になれば幸いです。

2025年1月吉日　樺山　敏郎

もくじ

第6章　国語科の授業づくり　Q&A ……123

本書においては
・平成29年版学習指導要領→学習指導要領
・小学校学習指導要領（平成29年告示）解説　国語編→解説
と一部略記しています。

第１章

令和の日本型学校教育が展望する国語科の学び

1
令和の日本型学校教育における「子供の学び」の姿

令和3年1月の「『令和の日本型学校教育』の構築を目指して～全ての子供たちの可能性を引き出す、個別最適な学びと、協働的な学びの実現～（答申）」（以下、「令和3年答申」）では、急激に変化する時代の中で子供たちに育むべき資質・能力が次のように示されました。

「一人一人の児童生徒が、自分のよさや可能性を認識するとともに、あらゆる他者を価値のある存在として尊重し、多様な人々と協働しながら様々な社会的変化を乗り越え、豊かな人生を切り拓き、持続可能な社会の創り手となることができるよう、その資質・能力を育成することが求められる」（抜粋）。これは、平成29年版の学習指導要領の前文に示された内容となります。「令和3年答申」では、こうした理念に加えて、これからの学校教育を支える基盤的なツールとして、ICTの活用が必要不可欠であるとしています。そこに、キャッチーな用語として登場したのが、「個別最適な学び」と「協働的な学び」です。それぞれの学びについて、次のように整理されています。

●個別最適な学び

この学びは、二つの視点に分けられます。一つは、「指導の個別化」です。教師が支援の必要な子供により重点的な指導を行ったり、子供一人一人の特性や学習進度等に応じ、指導法・教材や学習時間等の柔軟な提供・設定を行ったりすることを指します。もう一つは、「学習の個性化」です。教師が子供一人一人に応じた学習活動や学習課題に取り組む機会を提供することで、子供自身が学習を最適な状況へ調整することを指します。「指導の個別化」と「学習の個性化」を教師視点から整理した概念が「個に応じた指導」であり、この「個に応じた指導」を学習者視点から整理した概念が「個別最適な学び」です。

●協働的な学び

この学びは、「個別最適な学び」が「孤立した学び」に陥らないよう、探究的な学習や体験活動などを通じ、子供同士で、あるいは地域の方々をはじめ多様な他者と協働することを指します。協働することにより、子供一人一人のよい点や可能性を生かすことで、異なる考え方が組み合わさり、よりよい学びを生み出していくようにすることが大切です。また、同じ空間で時間を共にすることで、お互いの感性や考え方等に触れることが重要です。

令和の日本型学校教育における「子供の学び」の姿

「子供の学び」の姿

「個別最適な学び」と「協働的な学び」を一体的に充実し、
「主体的・対話的で深い学び」の実現に向けた授業改善につなげる

個別最適な学び
協働的な学び

一体的に充実

主体的・対話的で
深い学び

授業外の学習改善

授業改善

＼子供の資質・能力の育成／

個別最適な学び【学習者視点】（＝個に応じた指導【教師視点】）

＼子供が自己調整しながら学習を進めていく／

指導の個別化

子供一人一人の特性・学習進度・学習到達度に応じ、
教師は必要に応じた重点的な指導や指導方法・教材等の工夫を行う

▶ 一定の目標を全ての子供が達成することを目指し、
異なる方法等で学習を進める

学習の個性化

子供一人一人の興味・関心・キャリア形成の方向性等に応じ、
教師は一人一人に応じた学習活動や課題に取り組む機会の提供を行う

▶ 異なる目標に向けて、学習を深め、広げる

協働的な学び

子供一人一人のよい点や可能性を生かし、
子供同士、あるいは地域の方々をはじめ多様な他者と協働する

▶ 異なる考え方が組み合わさり、
よりよい学びを生み出す

2

国語科における個別最適な学び・協働的な学び

―単元レベルでの構想―

国語科のみならず各教科等の学習指導においては、単元や題材などの内容や時間のまとまりを見通して授業全体を構想します。

国語科は従来、〔思考力、判断力、表現力等〕として位置付けられた「話すこと・聞くこと」「書くこと」「読むこと」という三領域それぞれにおいて単元を設定し、一定の学習過程に沿って、各指導事項を指導するという構成になっています。

また、三領域に示された各指導事項を指導する際は、言語活動を通して指導することを基本としています。加えて、〔知識及び技能〕の各事項については、取り立てて指導することもありますが、三領域に示された指導事項の指導を通して行うことを原則としています。

このような国語科の特性を踏まえ、「個別最適な学び（指導の個別化」「学習の個性化」）」と「協働的な学び」の推進を図るためには、より一層単元全体の構想力が問われていきます。では、そもそも単元とは何でしょうか。単元とは、一定の学習（時間）のまとまり（ユニット）を指しますが、国語科では、次のような要素を含みます。

●国語科の単元の構成要素

①児童生徒の実態（既有の資質・能力、言語活動の経験等、言語に関する非認知能力等）に基づき、

②国語科年間指導計画及びカリキュラム・マネジメントの見通しの中で、

③今回、取り上げる資質・能力（「知識及び技能」「思考力・判断力・表現力等」「学びに向かう力、人間性等」）を明確にし、

④必要な教材（主、補助）を選定し、それらの特性を捉えた上で、

⑤適切な言語活動を位置付けて配当する。

従来、国語科の単元に一定の目標や課題は設定されていますが、それらを子供に明示していくことが重要です。その達成や解決に向け、子供が自律的に学んでいくように働きかけていくのです。教師は一律に学習を進めるのではなく、子供一人一人の特性や進度に合わせ、ICT活用など個々の学び方や考え方を尊重しながら、効果的に全体（小集団）や個別の指導を組み合わせていくこと、つまり、単元のデザイン力が肝となります。

国語科の単元の構成要素

① 児童生徒の実態の把握

既有の資質・能力
言語活動の経験
言語に関する非認知能力　等

この単元に関わって
これまでに
知っていること
できること

▼

② 国語科年間指導計画及び カリキュラム・マネジメントの見通し

▼

③ 今回取り上げる資質・能力の明確化

知識及び技能
思考力・判断力・表現力等
学びに向かう力、人間性等

単元で取り上げる
指導事項を
子供が分かる言葉
で共有する

▼

④ 必要な教材（主・補助）の選定

どのような特性をもつ教材か捉える

▼

⑤ 適切な言語活動を位置付ける

教師が育成しようとする重点化された
指導事項を含む文言に仕立てる

〈例〉
文章に書いていない
ことについて調べて
書き足し、もっと
詳しい説明文に
書き直そう。

3
「話すこと・聞くこと」における個別最適な学び・協働的な学び

「話すこと・聞くこと」には、相手との言葉のやり取りが存在します。その際、自分自身は話し手であり、聞き手でもあります。「話す」と「聞く」を区別して意図的に指導しつつ、それらは同時発生的に行われる相互作用と捉えることが重要です。

「話合い」は、単に言葉を交わすだけの表層的なものではなく、対象に対する個々の見方や考え方が言葉として表出され、それが交差し、自分へ反射する活動です。「話合い」は、自他を成長させ、イノベーションにつながるものです。文字どおり、「協働」の理念と重なります。

●「話すこと・聞くこと」における個別最適な学び

①言語活動の遂行プロセスを個別化する

話し手がまとまった話をつくり、それを相手に分かりやすく伝えるには、一定の時間と練習が必要です。内容の精査、構成の検討、必要に応じて資料の作成、そして音声化には調整が付きものです。完成までの柔軟なプロセスと時間を用意しましょう。

②消えてなくなる音声を教材化する

話す内容を書いて整理することは重要です。また、聞いたことを書く（記録する）ことも重要です。こうした行為は、今や筆記具からタイピング、そしてAIによる言語化も可能な時代です。消えてなくなる音声を言語化し、それを個々の資料として活用しましょう。

③自分の音声や映像を教材化する

自分の音声を録音したり、話合いの様子を映像に撮ったりしたものを教材化し、それらを個々や全体の課題の発見や解決のための調整へと活用しましょう。

●「話すこと・聞くこと」における協働的な学び

①拡散的な思考を促す

考えを広げるブレインストーミングのような話合いを通して、拡散的な思考を促しましょう。それぞれの意見を否定することなく、できるだけ多くの意見を自由に出し合うことを協働的な学びの根底に据えましょう。

②収束的な思考を促す

結論を一つにまとめる話合いには、収束的な思考が求められます。容易に決められない場合、比較して消去したり、統合したり、順位付けしたりする過程を通しましょう。協働的な学びにはこうしたスキルも必要となるので適切に指導しましょう。

「話すこと・聞くこと」における個別最適な学び

1　言語活動の遂行プロセスを個別化する

柔軟なプロセスと時間の保障

話す内容の精査・構成の検討
資料の作成・音声化

みんなに
わかってもらうには…

2　消えてなくなる音声を教材化する

個々の資料として活用

話すことを書いて整理する
聞いたことを書く（記録する）

あっ、根拠に
触れないと…

3　自分の音声や映像を教材化する

学びの調整に活用

自分の音声を録音する
話し合いの様子を映像に撮る

話合いの条件から
外れていないかな？

「話すこと・聞くこと」における協働的な学び

1　拡散的な思考を促す

多くの意見を自由に出し合う

考えを広げる話合い
それぞれの意見を否定しない

それはいい考えだね。
私は少し違って…

2　収束的な思考を促す

みんなが納得できる話し合いに

比較・統合・順位付け　などを通して
結論を１つにまとめる話合い

話合いの目的に
照らし合わせると…

4 「書くこと」における個別最適な学び・協働的な学び

書くという表現は、本来個別的なものです。自己と対話し、自己の考えを言語化する行為の根底には、何にも囚われない自由と解放があります。「表現」の頭に「自己」を加え、「自己表現」と呼ぶ場合があります。そこには、表現者の主体性や個性、創造性、更には特異性の尊重があります。自己表現とは、自己の感情や思想、意思などを形として残したり、態度や言語で示したりするものです。国語科「書くこと」は、文字言語を通した的確で豊かな表現力の育成が使命です。

●「書くこと」における個別最適な学び

①書いては考え、考えては書く時間枠の拡大

相手や目的、意図に応じて、言葉による見方・考え方を働かせながら書くとき、書こうとする内容を「見付ける」「集める」「比較する」「決める」「分類する」「確かめる」「関係付ける」等の思考や判断が活性化するものです。こうした内的な活動は決して一方向に順調に進行するものではありません。書いては考え、考えては書くという、行きつ戻りつの往還に意を用いるとき、自由な個人思考の時間枠を拡大する必要があります。

②複数のモデルやサンプルの用意

書く指導において、往々にして全員を一定の型に一律にはめ込むことを第一義と考えがちです。文章の種類や形態に即した一定の型は必須ですが、その型の中に当てはめて書こうとする内容や細かな表現形式には個々の選択や判断が求められるものです。その際、教師は複数のモデルやサンプルを用意し、個別化につなげましょう。

●「書くこと」における協働的な学び

①自己批正と共に共同批正の重視

自己表現に他者性を取り入れる共同批正を重視しましょう。他者の文章が相手や目的、意図に応じたものか、他者からの理解や納得が得られるか等を検討し、当人の改善につながる助言を出し合う場を充実させ、自己批正へとつなぎましょう。

②共有することで書くことのよさを実感

共有とは、一般に二人以上で一つの物を共同して所有することを意味します。それは形の無い心でもあります。真の共有には、他者から得たものを自己へ取り入れることが重要です。教師を含めた他者との協働的な学びによって書くことのよさを実感できるようにしましょう。

「書くこと」における個別最適な学び

1　書いては考え、考えては書く時間枠の拡大

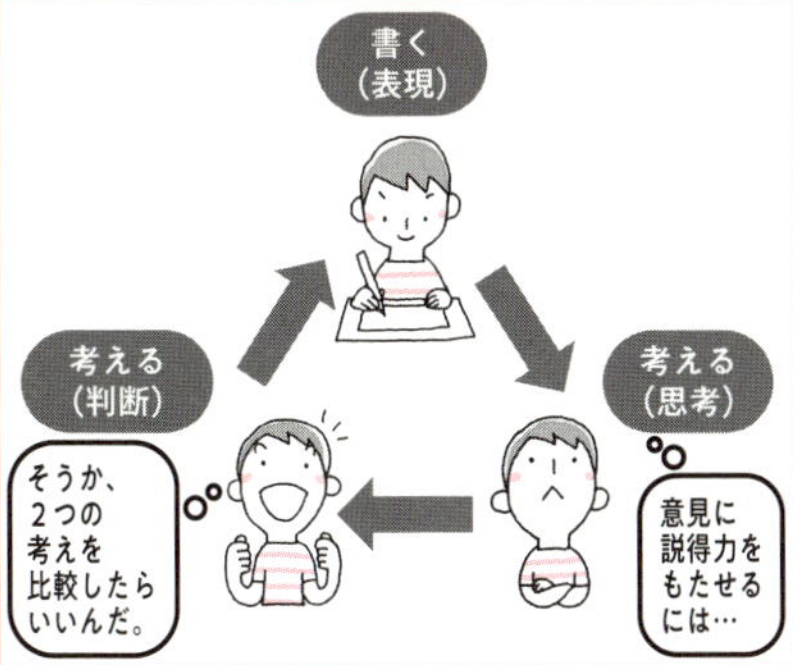

2　複数のモデルやサンプルの用意

「書くこと」における協働的な学び

1　自己批正と共に共同批正の重視

当人の改善につながる助言を出し合う場の充実

2　共有することで書くことのよさを実感

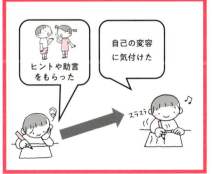

5

「読むこと」(説明的な文章)における個別最適な学び・協働的な学び

説明的な文章には、様々な種類や形態があります。動植物の生態や身近な事物の役割等を説明したり、筆者の実験や調査を報告したり、世の中の様々な現状に対して意見を述べたりしています。こうした説明「的」な文章が教科書教材として書き下ろされ、解釈の難度や指導事項の系統性に配慮しながら配列されています。教育的に価値ある教材の内容への関心を高め、その教材で教えること(資質・能力)を明確にすることを前提として、個別最適で協働的な学びを展開していくことが重要です。

●「読むこと」(説明的な文章)における個別最適な学び

①「構造と内容の把握」での書かれていることへの着目

説明的な文章の読みでは、文章の構成や展開を捉えたり、内容を理解したりすることが重要です。つまり、どのような事柄がどのように構成されているかを把握することです。文章全体が対象となるので、文章を縮小し一覧にして配布するとよいでしょう。筆者の立場に立ち、段落の始めの言葉や文末表現、反復される重要な言葉や文などの意味や役割を叙述を基にして把握できるよう、個別のペースで繰り返し読む時間を確保しましょう。

②「精査・解釈」における書かれていないことへの着目

説明的な文章を書き下ろす筆者は、限られた紙幅の中で取り上げる題材やテーマについて持論を展開し、読者へ何らかを主張します。しかし、読者は筆者の論の展開の速さに理解が追い付かないことがあります。また、十分に説明し尽くされてない内容に疑問をもつ場合もあります。その際は言葉の意味を調べて補ったり、書かれていない説明を書き足したりするとよいでしょう。特に、図表などの資料は細部にこだわると読みが深まります。

●「読むこと」(説明的な文章)における協働的な学び

①理由や根拠を明示した話合いの活性化を図る

説明的な文章の要旨をまとめたり、要約したりする場合、個々が取り上げる言葉や文は異なるものです。書き上げた要旨や要約をよりよいものにしていく際、なぜその語や文が必要、あるいは重要と考えたのかという理由や根拠を明示した話合いになるようにしましょう。

②自分の考えの広がりや深まりの共有化を図る

共有は、相互における同と異を整理して終わりではなく、それを通した自分の考えの広がりや深まりの自覚が肝になります。

「読むこと」〈説明的な文章〉における個別最適な学び

1　「構造と内容の把握」での書かれていることへの着目

〈活動例〉
全文を「はじめ・中・終わり」の三つに分けて、それぞれに小見出しをつけよう。

叙述を基にして意味や役割を把握する

- 段落の始めの言葉に着目
- 文末表現に着目
- 反復される重要な言葉や文に着目

2　「精査・解釈」における書かれていないことへの着目

〈活動例〉
文章と図や表を結び付けて読み、書かれていない情報を書き加えよう。

筆者の持論への読みを深める

- 言葉の意味を調べて補う
- 書かれていない説明を書き足す
- 図表などの資料の細部にこだわって読む

「読むこと」〈説明的な文章〉における協働的な学び

1　理由や根拠を明示した話し合いの活性化を図る

〈活動例〉
要旨をまとめたり、要約したりした内容を交流しよう。

なぜ、その語や文が重要と考えたのか
根拠を明示して要約した分について説明

2　自分の考えの広がりや深まりの共有化を図る

仲間と交流したことで、自分とは違う視点に気付くことができた

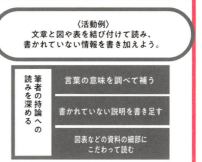

6

「読むこと」(文学的な文章)における個別最適な学び・協働的な学び

文学的な文章の読みの世界は実に多様で、正解は一つではありません。解釈とは、書かれている言葉の意味を理解するに止まらず、書かれていない意味を発見したり、創造したりする営みです。国語科では、読者の解釈の重なりを検討することが鍵になります。その重なりが学習集団の最善解と呼べるものでしょう。

では、教師はどのような役割を果たせばよいのでしょうか。教師は眼前の子供の発達の段階や実態を捉え、多様な解釈を用意しておくことが重要です。やはり深い教材研究は必須です。教師の読みは強制することなく、行間や空所に注目させたり、必要な読み方を伝えたりする必要があります。

●「読むこと」(文学的な文章)における個別最適な学び

①個々が問いたい問いを学級全体で問うべき問いへ昇華

初読後の個々の問いを大切にすることは重要です。ただ、個々の問いが拡散しすぎると、意図的かつ重点的な指導が難しくなります。個々の問いの中には突飛なものがあるので、その問いが解決できそうか否かを子供たちに吟味させましょう。読みのフレームは教師が適切に介入し、学級全体として問うべき問いに仕立てましょう。

②自分の考えを形成するまでの過程の重視

考えの形成に当たっては、文章を読んで理解したことに基づくことが重要です。浅い理解であれば、考えそのものも稚拙なものに陥ります。やはり、精査・解釈が鍵を握ります。個々の読みが深まっていくように、叙述を基に具体的な想像を働かせるような指導が必要です。特に、語りの視点(三人称、一人称等)に注目し、人物相互の立場に立って内言を綴らせる活動は有効です。

●「読むこと」(文学的な文章)における協働的な学び

①様々な対話の促進が協働・共有と重なる

対話は他者との対話に加え、テキスト(文章・叙述)との深い対話が重要です。他者との対話では、互いの解釈や言葉の捉え方の共通点や相違点を整理し、論点が明確になるように教師の意図的な働きかけが必要です。テキストとの対話では、登場人物に同化したり異化(距離を置いて批判的な立場に立つ)したりします。さらに書き手(作者)の意図を推論しながら、必要に応じて自分の経験と結び付けて考えを形成します。それが自己との対話です。こうした様々な対話が協働や共有と重なります。

「読むこと」〈文学的な文章〉における個別最適な学び

1　個々が問いたい問いを学級全体で問うべき問いへ昇華

2　自分の考えを形成するまでの過程の重視

〈活動例〉
ごんの立場に立って、「ごん日記」を書こう。（一人称）
読者として、「ごんへの日記」を書こう。（三人称）

- 文章を読んで理解したことに基づく
- 叙述を基に具体的な想像を働かせる
- 人物相互の立場に立って内言を綴る

「読むこと」〈文学的な文章〉における協働的な学び

様々な対話の促進が協働・共有と重なる

他者との対話

- 解釈の共通点や相違点の整理
- 論点を明確化

テキストとの対話

- 登場人物への同化・異化
- 書き手の意図を推論
- 自分の経験と結び付ける

COLUMN 1

最適化“される”学びから、最適化“する”学びへ

最適化〝される〟学びは、子供を客体とし、教師によって「指導の個別化」を図ることに近接します。一方、最適化〝する〟学びは、子供を主体とし、子供自身が「学習の個性化」を図ることと捉えることができます。両方の促進にICTは必須な時代です。個々の子供の学びの最適化は、AIなどによる結果レコメンドがそれを最大化していくことが一層加速していくことでしょう。最適化〝される〟、〝する〟という論点の鍵は、その一体化と傾斜配分にあります。

時代の潮流は、「教える」から「学ぶ（び）」重視へのパラダイムシフトを求めており（社会構成主義、エージェンシー等）、最適化の主体を教師から子供（学習者）へと移行することが肝要です。予測困難で不確実、複雑で曖昧な時代の到来の中で、ICTを積極的に活用し、多様な他者と緩やかに、そして時に硬く協働しながら、しなやかに自律していく主体者を育てることが持続可能な社会の実現につながります。

こうした時代感覚を高めつつ、教師の役割を再考することが重要です。教師は、子供にとって現在から未来にわたって必要となる資質・能力を見据え、そこに向かって学習者が「どのように学ぶか」というプロセスに意図的に関わっていく、子供の学びがどういう方向へ動いていくのかに思いをめぐらし、しかけや複線（伏線）を豊かに構想して指導し支援していく役割を担っています。教師による教科等の本質を重視した「指導の個別化」と、子供を主語とした「学習の個性化」を複眼的に捉えることが重要です。そこには、常に「教えること」と「学ぶこと」のディレンマが付きまとうものです。教師が教えない授業など存在しません。決して、教師主導が悪ではないのです。

筆者は、子供にとって最適な状態を保障するために、子供と共に〝学びの文脈〟を創ることを提唱しています。学びの文脈とは、「学習者が学びの有意味を保持し、教育を成す側と共にその学びの連続性や発展性を考慮する中で、学習者に資質・能力の拡張と共創を生み出す営み」と定義付けています。学びの文脈を創ることは、子供が目的や目標へ向けて自律的に学びを調整し、自身の学びを最適化する力（態度）を育成することに貢献します。この理念を具体化するために、Learning・Mountain（学びの山登り）（P．124・125参照）を考案しました。Learning・Mountainは、各教科等での単元や題材などの内容や時間のまとまりを見通し、学びのゴールをイメージしながらプロセスをデザインするものです。それを教師と子供、子供と子供が一体となって吟味していくところに価値があります。

第2章

国語科の“知識及び技能”

1. 言葉の特徴や使い方

⑴ 言葉の働き

私たちが普段用いている言葉の働きを客観的に捉えることは、国語科で育成を目指す資質・能力の重要な要素です。言葉がもつ働きに改めて気付くことで、子供は言葉を自覚的に用いることができるようになります。平成29年告示の小学校学習指導要領国語（以下、「学習指導要領」）では、第5学年及び第6学年の指導事項に、この言葉の働きに関わる事項が新設され、系統的に整理されました。

この事項は、〔知識及び技能〕の⑴オの【語彙】に関する事項との関連を図ることで指導の効果を高めることができます。また、外国語活動及び外国語科の指導との関連を意識し、「コミュニケーションを円滑にする」「気持ちを伝える」「事実・情報を伝える」「考えや意図を伝える」「相手の行動を促す」といった言語の働きの例を踏まえて、相互に指導の効果を高めていくことが大切です。

●事物の内容を表す働きや、経験したことを伝える働き

第1学年及び第2学年では、日常的に用いている言葉には、「出来事や事物の内容を表す働き」や、「経験したことを伝える働き」といった「具体的なことを伝える働き」があることに気付くことが求められています。自分が経験したことを伝える際の言葉の用い方について、〔知識及び技能〕の⑴オの「身近なことを表す語句の量を増し、話や文章の中で使う」こととの関連を図って指導していくことが重要です。

●考えたことや思ったことを表す働き

第3学年及び第4学年では、日常的に用いている言葉には、「思考や感情を表す働き」があることに気付くことが求められています。考えたことや思ったことを表す働きには、「思考や感情を表出する働き」と「他者に伝える働き」の両方が含まれています。この相互の働きによって、一層明確に筋道を立てて物事を考えたり、思いを意識化したりすることができるようになります。自分が考えたことや思ったことを正確に表現するために、〔知識及び技能〕の⑴オの「様子や行動、気持ちや性格を表す語句の量を増し、話や文章の中で使う」こととの関連を図ることが大切です。

●相手とのつながりをつくる働き

第5学年及び第6学年では、日常的に用いている言葉には、「人間関係を構築する働き」があることに気付く

ことが求められています。この事項は、言葉が果たす他者との良好な関係をつくる働きや特徴に気付くために、今回の改訂で新設されたものです。挨拶などの日常会話において見られるように、言葉には、話し手と聞き手（送り手と受け手）の間に好ましい関係を築き、継続させる働きがあります。相手との良好なつながりをつくるために、〔知識及び技能〕の(1)オの「語感や言葉の使い方に対する感覚を意識して、語や語句を使うこと」との関連を図り、指導の効果を高めていくことが必要です。小学校高学年において、このような言葉の働きに気付くことは、中学校第2学年の「相手の行動を促す働きがあることに気付くこと」へとつながり、発展していきます。

(2) 話し言葉と書き言葉

●話し言葉

第1学年及び第2学年では、「音節と文字の関係」「アクセントによる語の意味の違い」「姿勢や口形」「発声や発音」などに気を付けて話すことが大切です。一文字ずつ文字と音とを対応させて読んだり、「雨と飴」「橋と箸」などの発音を聞いたり発音したりし、意味の違いに気付くことができるようにします。また、背筋を伸ばし、声を十分出しながら落ち着いた気持ちで読んだり、正しい発音のため唇や舌などを適切に使ったりすることを早い時期に身に付けられるようにすることも大切です。安定した発声や明瞭な発音ができるように、音声言語による活動の基盤をつくっていくことが重要です。

第3学年及び第4学年では、「相手を見て話したり聞いたりすること」「言葉の抑揚や強弱」「間の取り方」などに注意して話すことができるようにします。相手を見て話すことで、聞き手の反応を見ながら、自分の話が相手に十分伝わっているのかを判断することができます。また、相手を見て聞くことで、同意や共感、疑問など話に対する反応を話し手に示したりすることができます。話す内容に応じて、声の上げ下げに注意したり、特定の語を他よりも強調したりして、話の内容が相手に伝わるように工夫することも大切です。間の取り方は、話し手と聞き手の双方にとって重要で、話し手にとっての間とは、息継ぎであると同時に、意図的に取る構文や語句の上での間でもあります。一方、聞き手にとっての間は、話し手の意図を理解したり、思いや考えを感じ取ったりする時間となります。

第5学年及び第6学年では、「話し言葉と書き言葉との違いに気付くこと」が重要です。話し言葉は、発せられた途端に消えていくので、複雑な構文や誤解されやすい言葉を避けるなどの表現上の工夫を必要とします。書き言葉は、読み手が繰り返し確認でき、使用される語彙、文、文章の構造が話し言葉と違うなどの特質があります。高学年では、これらの違いに気付き使い分ける力を身に付けていきます。

●書き言葉

第1学年及び第2学年では、「書き言葉に関する基礎的なきまり」を身に付けます。平仮名の読み書きについては第1学年でその全部の読み書きができるようにします。仮名遣いや助詞、句読点やかぎ（「」）の使い方は、

話し言葉と書き言葉のポイント

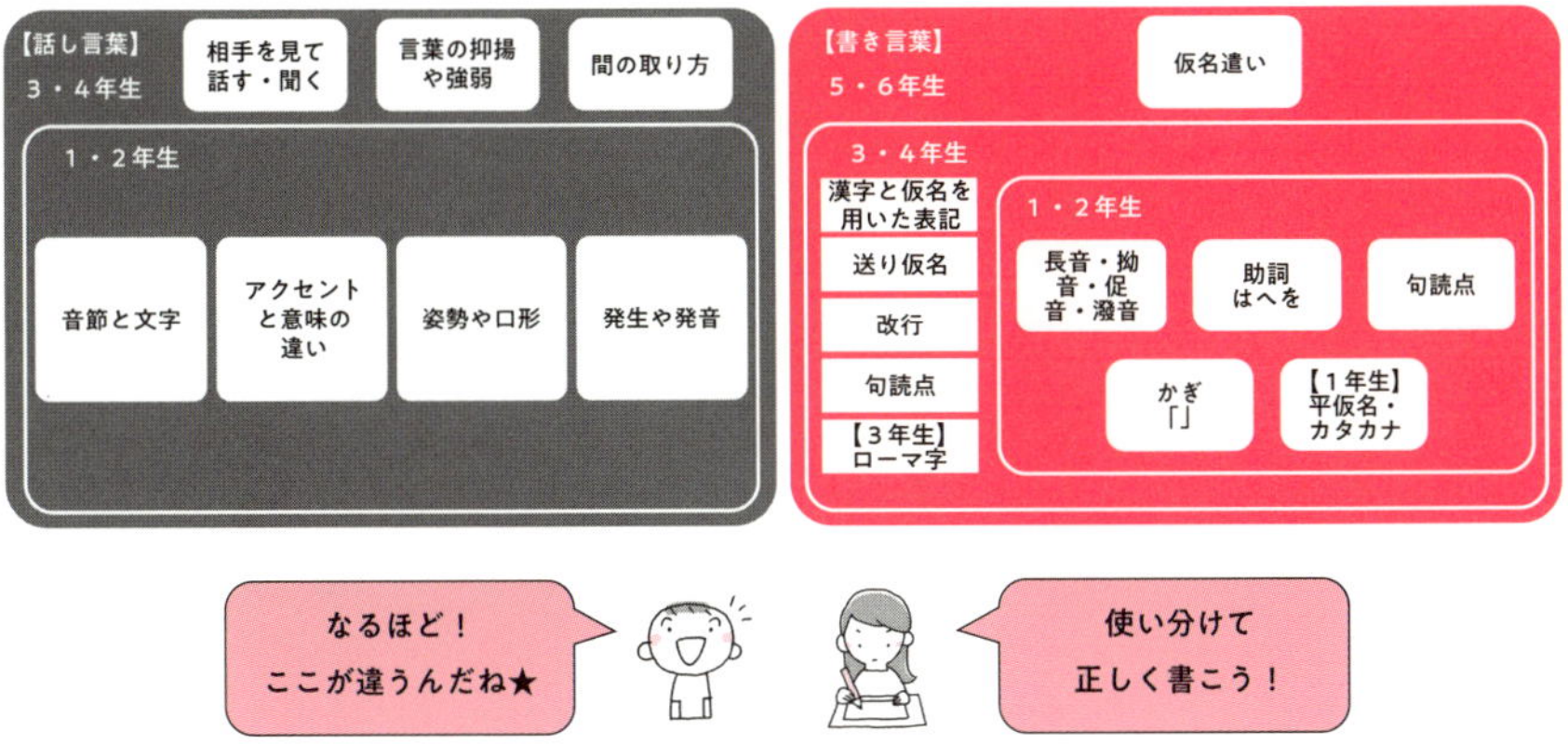
【話し言葉】
３・４年生
相手を見て話す・聞く
言葉の抑揚や強弱
間の取り方
１・２年生
音節と文字
アクセントと意味の違い
姿勢や口形
発生や発音
【書き言葉】
５・６年生
仮名遣い
３・４年生
漢字と仮名を用いた表記
送り仮名
改行
句読点
【３年生】ローマ字
１・２年生
長音・拗音・促音・撥音
助詞 はへを
句読点
かぎ「」
【１年生】平仮名・カタカナ
なるほど！ ここが違うんだね★
使い分けて 正しく書こう！

日々の学習の積み重ねの中で、次第に規則性に気付き、視写や聴写などを繰り返し取り入れながら文の中で使えるようにします。

第３学年及び第４学年では、「漢字と仮名に関するきまりや句読点、ローマ字の読み書き」ができるようにします。ローマ字の読み書きについては、第３学年できるようにします。漢字仮名交じり文の表記の仕方やその利点、送り仮名の付け方、改行の仕方、文脈に合わせた句読点の適切な打ち方などを理解し、日常生活の中で使うことが、習慣となるようにします。

第５学年及び第６学年では、「文や文章を読みやすいものにするための漢字と仮名の使い分けや送り仮名、仮名遣い」ができるようにします。漢字の表意文字としての特徴と仮名の表音文字としての特徴に気付き、文や文章の読みやすさや意味の通りやすさを考えて使い分けることが大切です。仮名遣いについては、「鼻血（はなぢ）」と「地面（じめん）」、「湖（みずうみ）」と「三日月（みかづき）」などの区別を付け、文や文章の中で正しく書き、使うことができるようにします。

(3) 漢字

漢字の読みについては、当該学年に配当されている漢字の音読みや訓読みができるようにすることとされています。一方、漢字の書きについては、習得に時間がかかるという実態を考慮して、2学年間という時間をかけて、確実に書き・使えるようにすることとされています。さらに、第6学年に配当された漢字の書きについては、当該学年において漸次書き、文や文章の中で使うとともに、中学校の第2学年までの間で確実に身に付け、使えるようにすることと示されています。

平成29年の改訂においては、第4学年に、都道府県名に用いる漢字25字が配当されました。それに伴い、各学年における子供の学習負担に配慮して、32字の配当学年が移行されています。

第4学年〜6学年の字数及びその増減

	平成20年告示	平成29年告示	増減
第4学年	200字	202字	+2
第5学年	185字	193字	+8
第6学年	181字	191字	+10
計	1006字	1026字	+20

●漢字を読む

第1学年では、漢字に対する興味や関心、字形に関する意識などを養いながら、学年に配当されている80字の漢字を読めるようにします。象形文字や指事文字が多く含まれているので、漢字の字形と具体的な事物（実物や絵など）とを結び付けるなどの指導を工夫し、漢字が表意文字であることを意識しながら、漢字に対する興味や関心を高められるようにしていきます。また、漢字単独の読みだけではなく、文や文章の中で漢字を読むことも大切にして、文脈の中での意味と結び付けていくようにするとよいでしょう。第2学年から第6学年までは、当該学年までに配当されている漢字を読むことができるように定着を図っていくことが大切です。

●漢字を書き、文や文章の中で使う

第1学年では、学習した漢字を習得できるように少しずつ書くことを積み重ねるとともに、文や文章の中で使う場面を設けるようにすることが大切です。第2学年からは、前の学年までに配当されている漢字を確実に書けるようするとともに、当該学年に配当されている漢字を漸次書けるようにします。その際、漢字のみを書くので

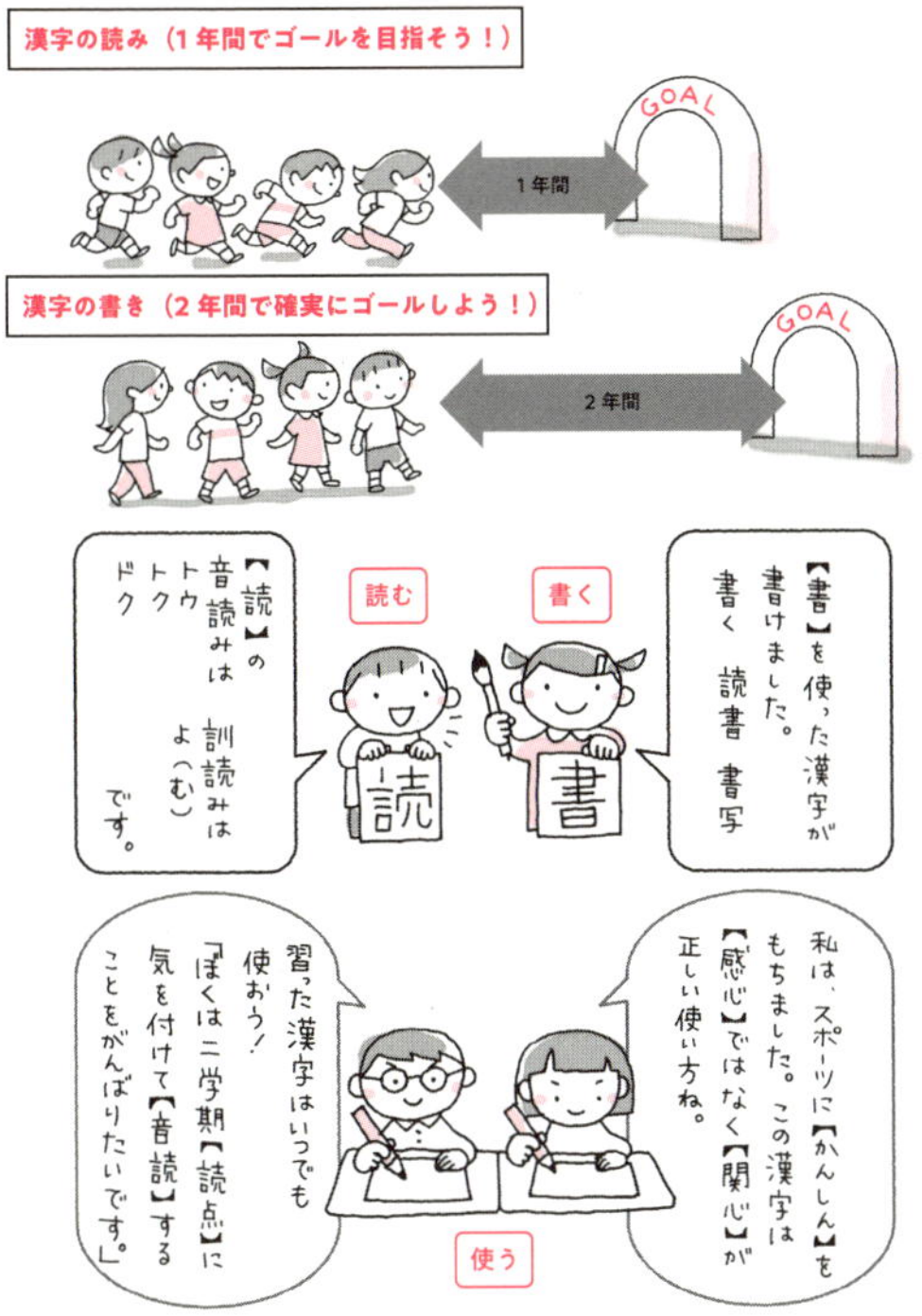

はなく、文や文章の中で使うことで定着を図るようにすることが大切です。

●習慣として身に付ける

第1学年及び第2学年では、「漢字を知っている」ことにとどまらず「実際に使う」ことで漢字の有効性を実感できるようにし、第2学年の終わりまでの2学年間にわたって文や文章の中で使う習慣を身に付けていきます。

第3学年及び第4学年においては、〔知識及び技能〕の(3)「ウ　漢字が、へんやつくりなどから構成されていることについて理解すること。」との関連を図ったり、辞書や事典を利用して漢字の読みや意味などを自分で調べる活動を積極的に取り入れたりし、学習した漢字を使う習慣を定着するようにすることが大切です。

第5学年及び第6学年においては、漢字による熟語などの語句の使用が一層増加する時期です。そのため、文や文章を書く際には、例えば、「収める」「納める」「修める」「治める」などの同音異義語に注意するなど、漢字のもつ意味を考えて使う習慣が身に付くようにすることが重要です。

(4) 語彙

中教審答申（平成28年）が、「小学校低学年の学力差の大きな背景に語彙の量と質の違いがある」と指摘しているように、語彙は全ての教科等において、資質・能力の育成や学習の基盤となる言語能力の重要な要素です。

このため、学習指導要領では、語彙を豊かにする指導の改善・充実を求め、各学年において、指導の重点となる語句のまとまりが示されるとともに、語句への理解を深める事項が示されました。

語彙を豊かにするためには、語句の量を増すことと、語句のまとまりや関係、構成や変化について理解することの両面をバランスよく育んでいくことが大切です。

●語句の量を増す

第1学年及び2学年では「身近なことを表す語句の量」、第3学年及び4学年では「様子や行動、気持ちや性格を表す語句の量」、第5学年及び第6学年では、「思考に関わる語句の量」を増やしていきます。

また、これらの語句は、学習や生活の中で話したり書いたりしながら、使いこなすことで自分の語彙として身に付いていきます。

●語句のまとまりや関係、構成や変化について理解する

第1学年及び2学年では、「意味による語句のまとまりがあることに気付くこと」ができるようにします。例えば、動物や果実の名前を表す語句、色や形を表す語句などは、相互に関係ある語句として、1つのまとまりを構成しています。

第3学年及び4学年では、「性質や役割による語句のまとまりがあることを理解すること」ができるようにします。例えば、「性質による語句のまとまり」とは、物の名前を表す語句や・動きを表す語句・様子を表す語句などです。「役割による語句のまとまり」とは、文の主語になる語句、述語になる語句、修飾する語句などのまとまりのことです。

第5学年及び第6学年では、「語句と語句との関係、語句の構成や変化について理解すること」へと展開していきます。例えば、「語句と語句との関係」には、類義語や対義語、上位語・下位語などがあります。「語句の構成」については、お米の「お」のような接頭語、お父さんの「さん」のような接尾語、複合語、略語、慣用語などが含まれています。「語句の変化」については、「花＋畑」で「ハナバタケ」のような音の変化や「帰る＋

道」で「帰り道」というような語形の変化などがあります。

さらに、第5学年及び第6学年においては、語彙に関する学習の小学校のまとめとして、「語感や言葉の使い方に対する感覚を意識して、語や語句を使うこと」が示されています。言葉や文、文章について、その正しさや適切さを判断したり、美しさ、柔らかさ、リズムなどを感じ取ったりする感覚を育んでいきます。そのためには、多くの文章を繰り返し読んで、優れた表現に触れたり、自分の表現に生かしたりして、語感や言葉の使い方に関する感覚を磨いていくことが重要です。

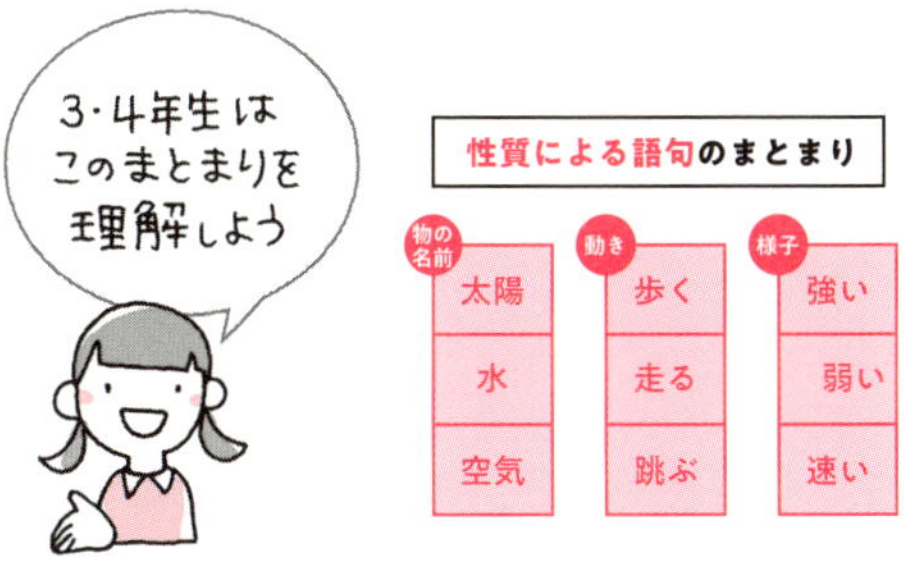

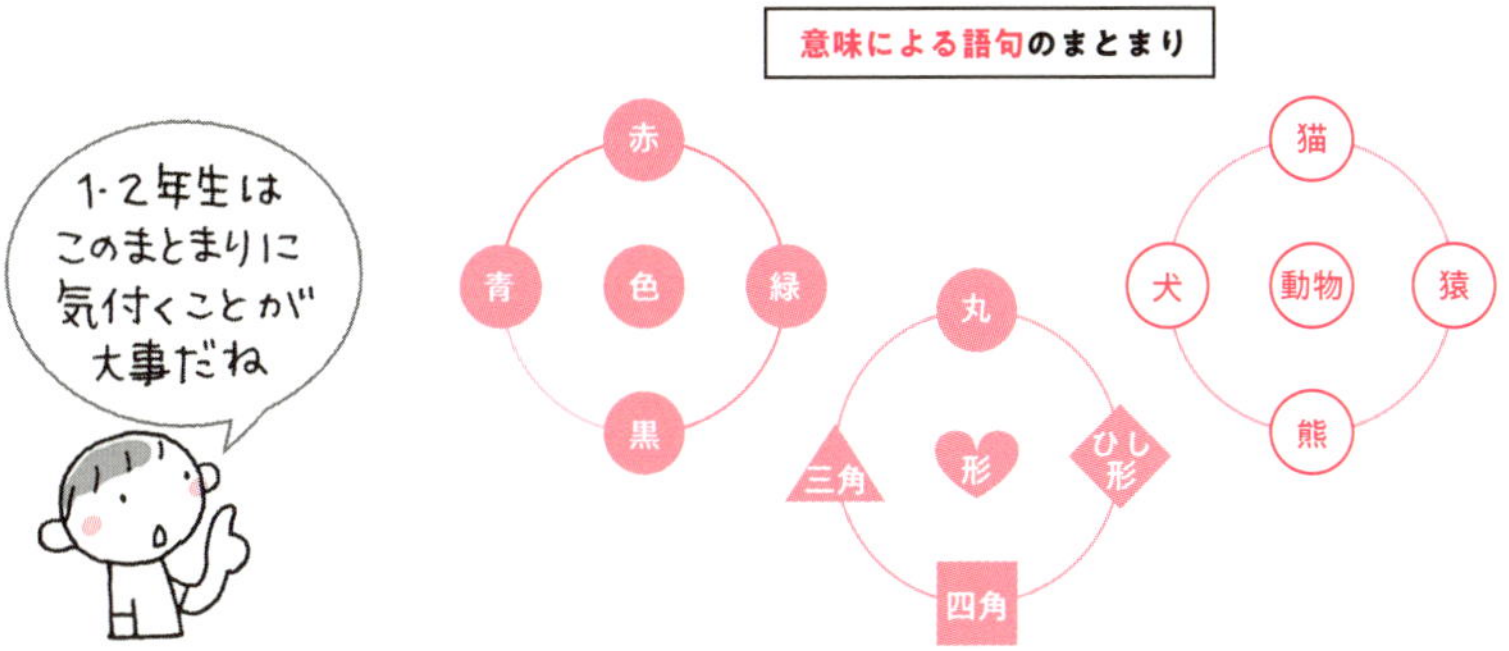

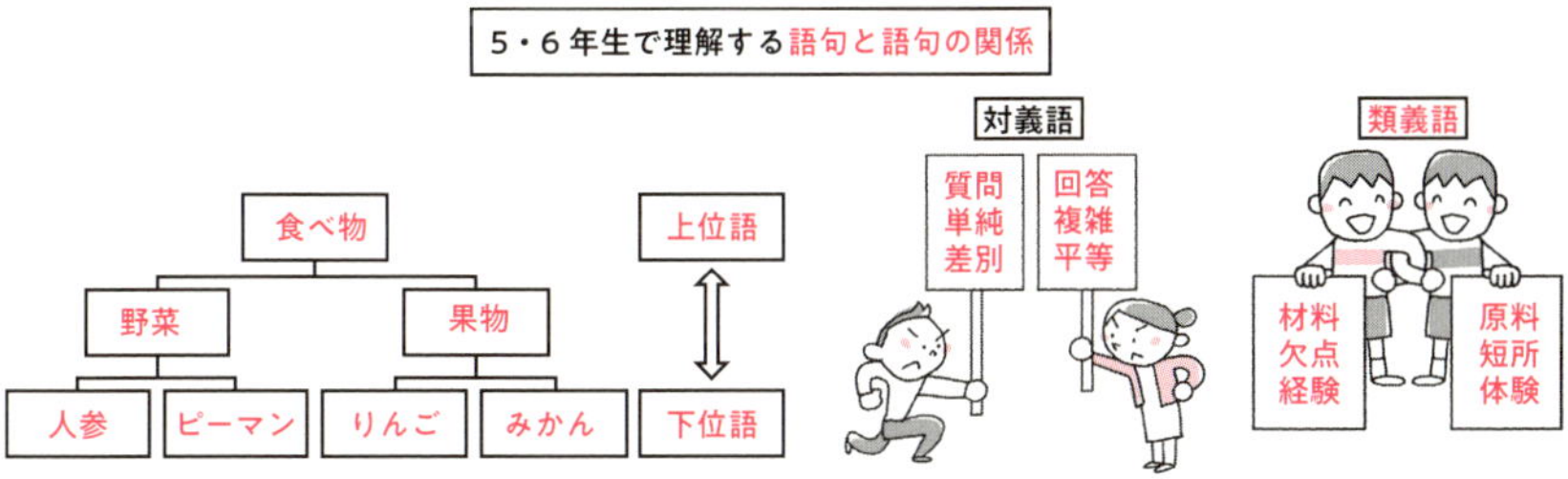

(5) 文や文章

学習指導要領の改訂の趣旨及び要点には、「全国学力・学習状況調査等の結果によると、小学校では、文における主語を捉えることや文の構成を理解したり表現の工夫を捉えたりすること、目的に応じて文章を要約したり複数の情報を関連付けて理解を深めたりすることなどに課題があることが明らかになっている」と示されています。

文や話、文章の内容を正確に理解し、自分の考えや思いを適切に表現するためには、主語と述語、修飾語と被修飾語との関係などに加えて、語順などの特徴についても理解すること、指示する語句や接続する語句の役割についての理解を基盤に、文と文との関係、話や文章の構成や展開などについて理解することが大切です。

●文の中における主語と述語の関係に気付くこと

第1学年及び第2学年では、文章を書くときだけでなく、文章を読むときや話の中に含まれている文においても、主語と述語の関係に気付かせることが大切です。主語と述語の関係とは、主語と述語が適切な係り受けの関係になっていることです。適切な関係になっているかについて気付かせるためには、適切な係り受けの関係になっている文章とそうでない文章を比べて読ませることが効果的です。そこでは、比べて読む視点として、伝えたいことが正確に伝わるか考えさせるようにします。

●主語と述語との関係、修飾と被修飾との関係、指示する語句と接続する語句の役割、段落の役割について理解すること

第3学年及び第4学年では、第1学年及び第2学年の主語と述語の関係に「気付くこと」から、「理解すること」に段階が上がります。さらに、修飾と被修飾との関係も加わり、文の構成に関して理解を図っていきます。

また、文や文章のつながりや関係性に関しても理解できるようにします。指示する語句の役割については、指示する語句がある文章とない文章を比べることで、文や文章をより簡潔に表現したり、文と文の内容のつながりを明瞭に表したりすることのよさに気付かせることが重要です。接続する語句の学習では、それぞれの接続する語句の働きを分類することで、伝えたい考えや気持ちに合わせて適切に使うことができるようにします。段落の役割についての学習では、段落の冒頭にある接続する語句に着目しながら読むことで、段落相互の関係に着目し

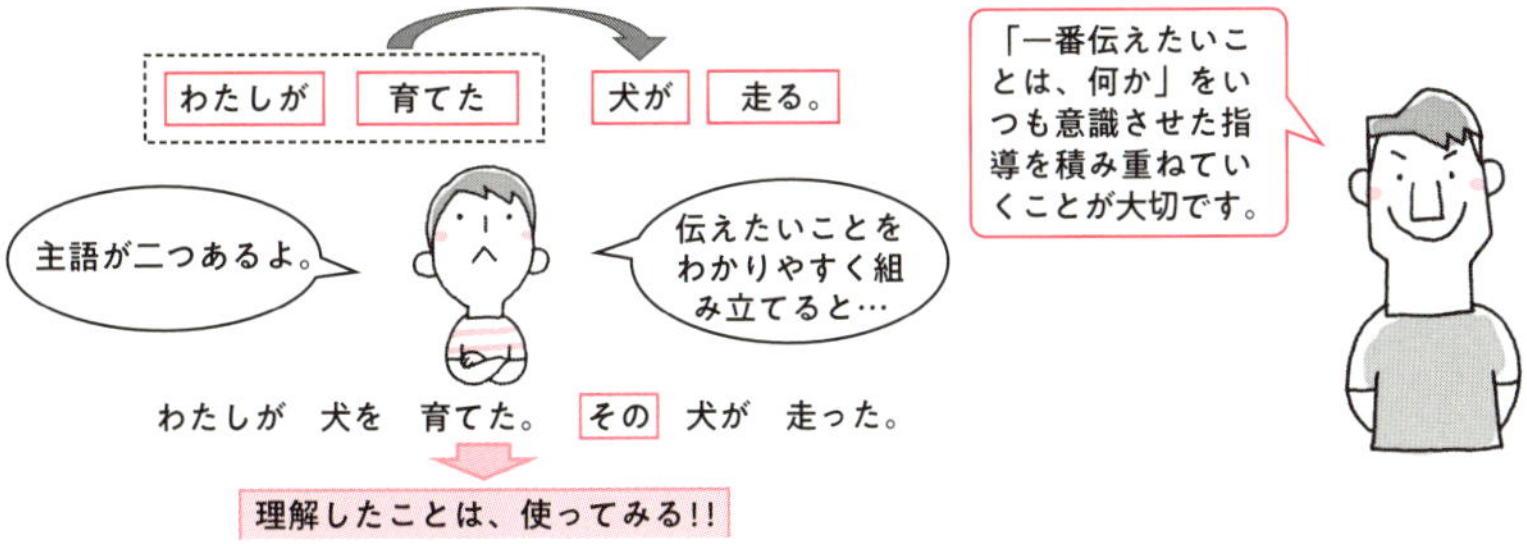

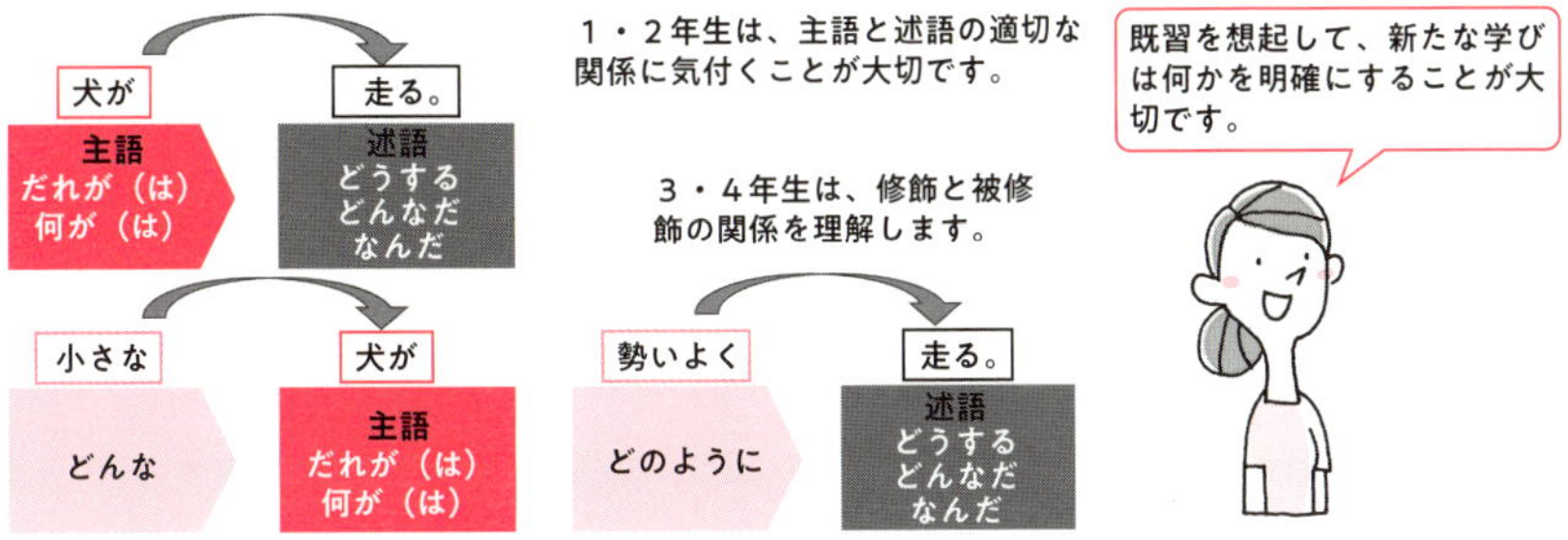

て、内容を適切に把握したり必要な情報を的確に見付けたりすることができます。

●文の中での語句の係り方や語順、文と文との接続の関係、話や文章の構成や展開、話や文章の種類とその特徴について理解すること

第5学年及び第6学年では、主語と述語、修飾と被修飾との関係に加え、文の書き出しと文末表現の関係、語順について理解できるようにします。そこでは、日本語と英語の語順を比べることで日本語の語順の特徴に注目すると効果的です。また、話や文章の種類とその特徴について理解する場面では、それぞれの様式に応じて、構成や展開、論の進め方等と関連付けて、指導することが大切です。

「文や文章」における事項では、全ての学年における思考力、判断力、表現力等の「話すこと・聞くこと」「書くこと」「読むこと」の指導事項と関連付けて、理解を深めていくことが大切です。そこでは、話し手や書き手が「何を伝えたいのか」という相手意識をもって理解を深めていくことで、主体的な学びへとつなげていくようにします。

(6) 言葉遣い

平成20年告示の小学校学習指導要領国語では、丁寧な言葉と普通の言葉との違いについては、第1学年及び第2学年の「話すこと・聞くこと」の指導事項に、そして、「敬体と常体との違い」については、第3学年及び第4学年の「書くこと」の指導事項に示されていました。しかし、平成29年版において、それらは「言葉遣い」に関する指導事項として「敬語」と併せて示されました。

この事項では、単に知識の習得に留まらず、実際の日常生活において相手や場面などに応じて適切に言葉を選んだり、使い分けたりすることが大切です。また、低学年から相手に応じた適切な言葉遣いについて考えたり、使い分けたりすることの経験を積み重ねていくことで、第5学年及び第6学年の内容に位置付けられている「敬語」の学習に自然につながっていきます。

●丁寧な言葉と普通の言葉との違いに気を付けて使うとともに、敬体で書かれた文章に慣れること

第1学年及び第2学年では、丁寧な言葉と普通の言葉の違いを捉えるために、教科書の挿絵をもとに動作化をしながらそれぞれの場面に合った言葉を考えたり、友達と実際にやりとりをしたりします。そして、日常生活において、自分と相手との関係やいろいろな場面の状況に応じて、言葉を使い分けることの必要性に気付かせるとともに、それぞれの言葉を使い分けようとする気持ちをもたせるようにすることが大切です。

第1学年及び第2学年の教科書には、敬体で書かれた文章が多いので、文章を読むこと自体が、敬体の表現に慣れ親しむことにつながります。自分の思いや考えを他者に伝える場面等では、丁寧な言葉で伝え合う経験を積み重ねていくことが大切です。

●丁寧な言葉を使うとともに、敬体と常体との違いに注意しながら書くこと

第3学年及び第4学年では、相手や目的を意識して表現する際などに丁寧な言葉を使うとともに、敬体と常体との違いに注意しながら書くことをねらいとしています。

文章を書くことでは、相手意識をもつことが必要です。具体的には、「誰に、何のために書くのか、どのようなことを伝えたいのか」など、目的意識を明確にすることで低学年までの学習経験をもとに敬体と常体を意識

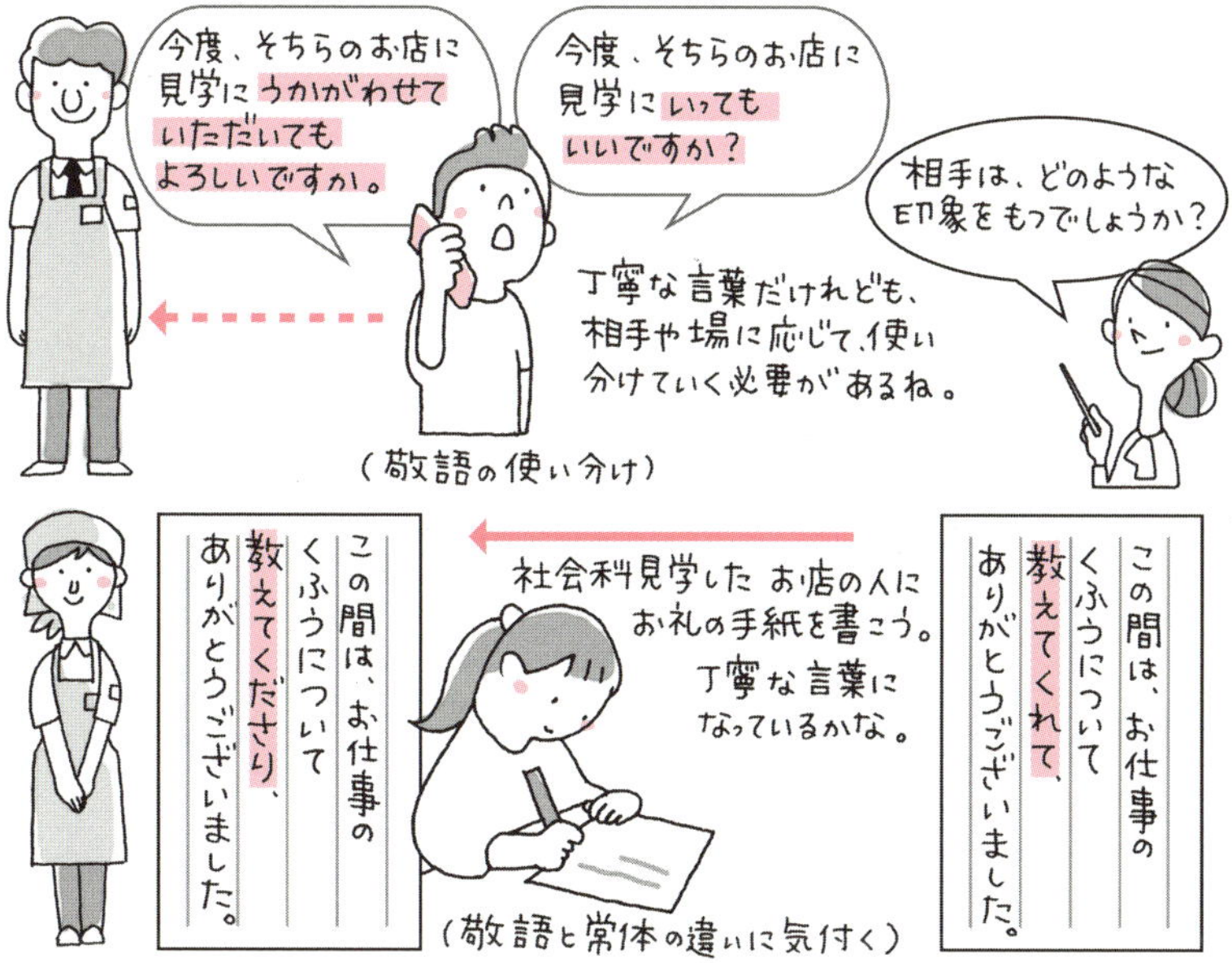

的に使い分けようとすることができます。そして、敬体と常体の文章を読み比べて、読み手にどのような印象を与えるかについて、想像させることも大切です。

●日常よく使われる敬語を理解し使い慣れること

第5学年及び第6学年になると、敬語の役割や必要性を自覚していく時期になります。そこで、尊敬語や謙譲語などの敬語を分類したり、相手と自分との関係を意識して、どのような場面で使い分ければよいのかについて考えたりすることができるようにします。

また、総合的な学習の時間や特別活動の学校行事等において、目上の人や校外の方々と関わる機会を意図的に捉えて指導を強化し、敬語の使い方を理解して、使い慣れていくようにします。さらに、敬語を適切に使うことで、自分と相手とがよりよい関係になることに気付くようにすることも大切です。

言葉遣いに関する事項の指導においては、「思考力、判断力、表現力等」の「話すこと・聞くこと」「書くこと」「読むこと」の各領域でも、意図的・継続的な指導を重ねていくことが重要です。また、国語科のみならず他の教科等の学習、そして日常生活においても相手や場面、状況に応じた適切な言葉を選び、敬語等を使い慣れていくことが大切です。

(7) 表現の技法

学習指導要領では、表現の技法について、第4学年までに様々な表現の工夫に触れることを基盤として、第5学年及び第6学年で、比喩や反復などの表現の工夫に気付くことを求めています。

系統的に捉えると、第5学年及び第6学年においてのみ、表現の工夫の具体を取り上げているように見えますが、既に第1学年及び第2学年でも「比喩」という言葉そのものを用語として学んでいなくとも、教科書の文学作品では、「～のような」や「～みたいな」という表現の工夫について触れています。場面の様子に着目して読むことにおいて、たとえを表す言葉から場面の様子を想像して読んだり、想像したことを知らせたりする学習を行っています。また、書くことの学習では、自分の伝えたいことについて、たとえを表す言葉を使って、分かりやすく伝えることができることを理解してきています。

特に、詩を読んだり書いたりするとき、表現の工夫を意図的に取り上げています。詩を読むことの学習では、表現の工夫に着目して、自分のお気に入りの詩を紹介したり、アンソロジーにしたりする言語活動を経験しています。そこでは、自分の心にとまった表現に着目する際に、あるものを他のものにたとえる表現や同じ言葉・文を繰り返して、言葉のリズムを整えていることに気付き、自分の読みの根拠として伝え合うようにしています。

また、自分の心の動きを詩に表す学習では、短い文に自分の思いを表現するためには、言葉を選んで書く必要があります。自分の気持ちにぴったりと合う言葉を選んだり、言葉の順序を入れ替えたりすることで、読み手への印象がどのように変わるかなどについても考えることができます。そして、詩を読むことの学習の経験を生かして、あるものを他のものにたとえたり、言葉を繰り返して、言葉のリズムを整えたりするなど、表現を工夫して詩を書く経験を積み重ねてきています。

●比喩や反復などの表現の工夫に気付くこと

第5学年及び第6学年では、表現の工夫について比喩や反復など修辞法に気付くことが示されています。先に述べたように、これまでに、第1学年及び第2学年から読んだり、書いたりする文章の中にも頻繁に見られてきた表現の工夫について、第5学年及び第6学年では、それらの気付きをまとめて整理することが求められます。

表現の技法の確認のサイクル

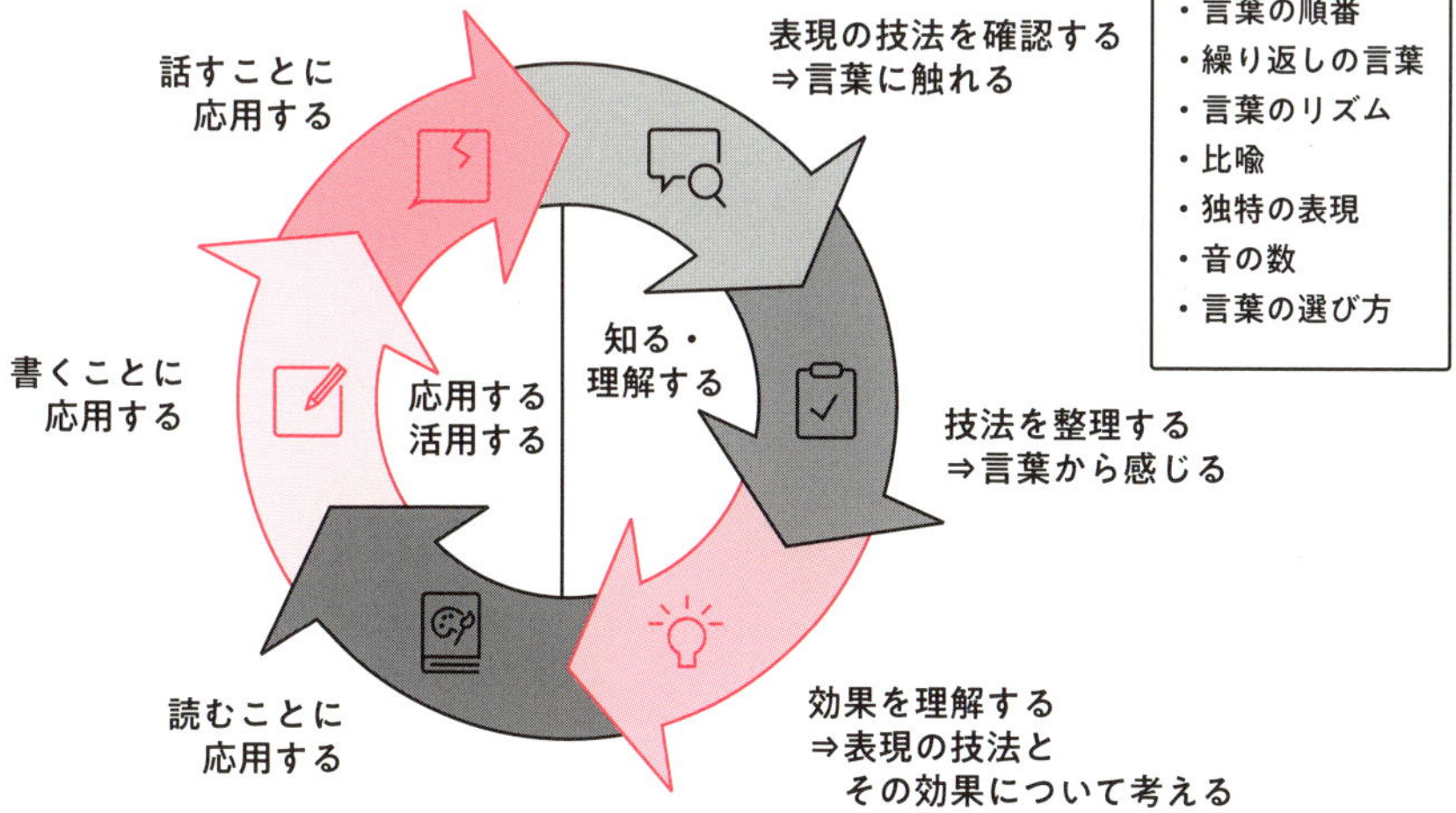

書いてある内容は同じでも、表現の工夫によって読み手への印象が変わることに気付くようにします。言葉の順序については、普通の順序と言葉を入れ替えたときの表現の違いに着目することで、何を強調したいのかを明確に捉えます。この学びが中学校での倒置法へとつながっていきます。また、言葉の繰り返し（反復）については、言葉を繰り返すことで伝えたいことが強く印象付けられるとともに、言葉の調子やリズムが生まれることに気付くようにします。そして、高学年では似ているものにたとえる表現として「比喩」という言葉を理解します。ここでも中学校で学習する「擬人法」へのつながりとして、比喩的な発想として捉えていきます。

表現の技法をまとめて整理することは、豊かな読みにつながります。文章のどこに表現の工夫が散りばめられているか、その工夫にはどのような効果や意図があるのか等について検討することで、自他の読みは広がり深まっていきます。そうした表現の工夫への気付きは読むことのみならず、話すことや書くことに関連付けていくことが重要です。読み手から話し手や書き手に立場を変えていくとき、第三者に対して自分の思いや考えをどのような表現で伝えていくか、その工夫が求められます。

(8) 音読、朗読

学習指導要領では、「音読、朗読」に関する事項の指導に当たっては、〔思考力、判断力、表現力等〕の「読むこと」だけでなく、〔知識及び技能〕の他の指導事項や「話すこと・聞くこと」「書くこと」の指導事項と適切に関連付けて指導することが重要であると示されています。「音読」では、話し言葉の特徴の理解に基づく音声による技能的な側面と、「気持ちを表す言葉」の理解からの内面的な側面の両方が関わってきます。「音読」の指導に当たっては、低学年から全学年を通して、段階的に指導を積み重ねていくことが大切です。また、「朗読」の指導では、言葉や文章に読み手の思いや考えをのせて、読む目的や聞き手に応じて表現性を高めて伝えていくことを重視することが大切です。

●語のまとまりや言葉の響きなどに気を付けて音読すること

第1学年及び第2学年では、子供が楽しんで「音読」することが重要になります。「音読」には、自分が理解しているか確かめたり、自分が理解したことを表出したりする働きがあります。具体的には、言葉の響きやリズムを感じながら言葉のもつ意味を捉えたり、お話の様子が分かるように声の大きさや読む速さを考えながら音読したりします。そして、そこでは、読む姿勢や口の開け方、明瞭な発音、ひとまとまりの語や文として読むことも大切です。個々の音読の力を高めていくためには、友達と聞き合う、家の人に聞いてもらうなど自分の音読の様子を誰かに確認してもらうことも効果的です。また、音読については、「読むこと」の学習に留まらず、「書くこと」の学習との関連を図り、例えば、自分が書いた文章を音読するなどして文章の構成や内容を確かめたり、文章を推敲したりすることにつなげていくことが考えられます。

●文章全体の構成や内容の大体を意識しながら音読すること

第3学年及び第4学年では、文章の構成や内容を意識して音読することが示されています。ここでは、文章全体を意識して音読することが求められています。具体的には、文章全体としてのあらすじを捉えて、登場人物の行動や気持ちの変化などについて大筋で捉えて音読していきます。そこでは、言葉の抑揚や強弱、間の取り方などに気を付けて読み方を工夫して音読し、友達と聞き合

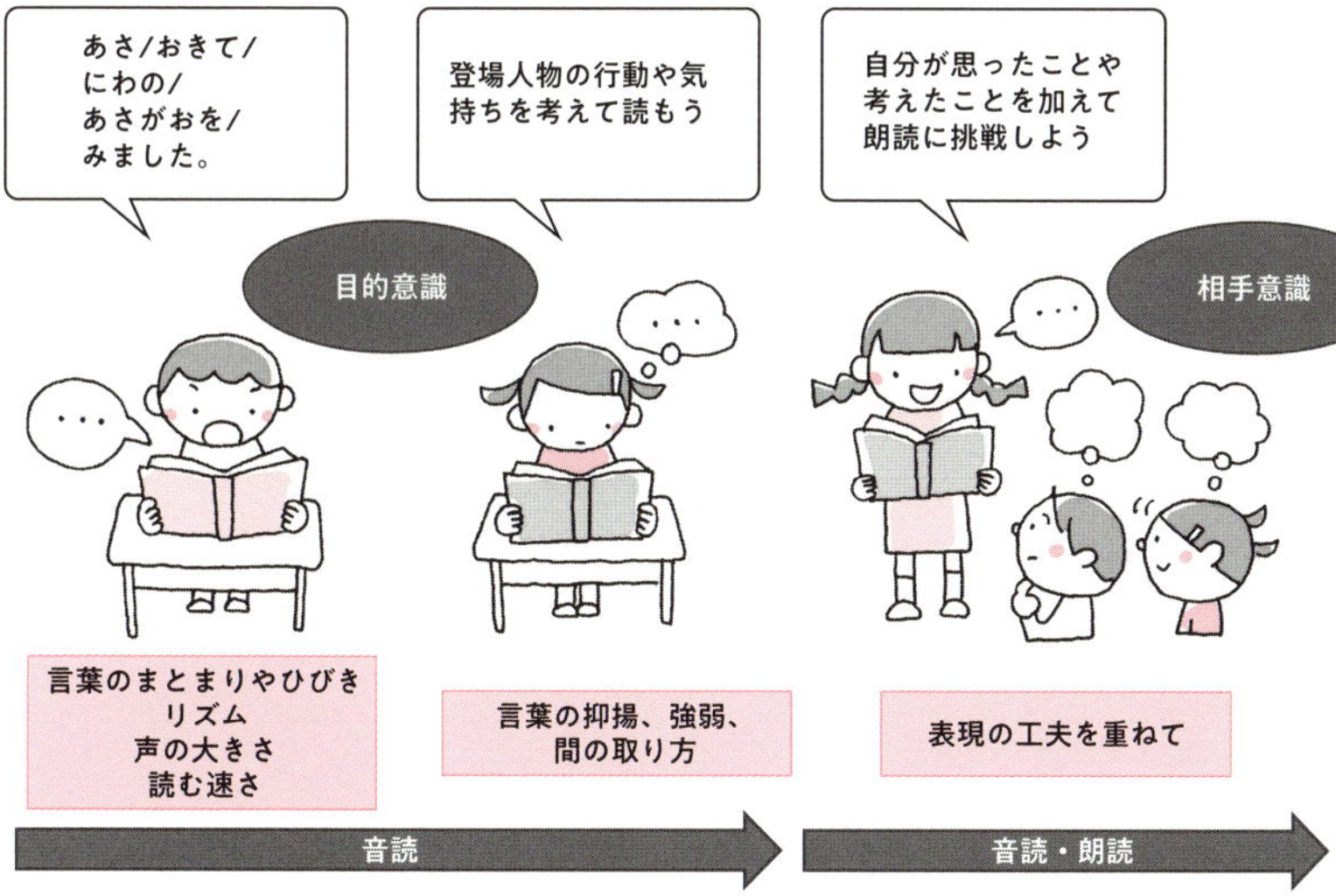

うことも効果的です。また、中学年においても低学年同様に「書くこと」の学習では、「推敲」や「構成と内容の把握」に関する指導事項と関連付けて指導することも重要です。

●文章を音読したり朗読したりすること

第5学年及び第6学年では、既習の音読に加えて、「朗読」が加わります。**「朗読」とは、作品の読者として自分が思ったことや考えたことについて、表現を高めて伝える**ことに重点を置くことが大切です。そこでは、自分の思いや考えを伝える相手を想定すると効果的です。どんな相手（聞き手）か、どのような目的で相手に自分の思いや考えを伝えるのかといった相手意識や目的意識を明確にすることが重要です。相手に届けるためには、どのように表現を工夫して朗読をすればよいかを考えながら読むことを常に意識させることができます。また、自分の音読や朗読の様子を一人一台端末の録画機能を活用することで確かめることができます。さらに、自分の思いにあった音読や朗読ができるなど、学びの調整を図る場面を学習の中に位置付けることで自分の学びを確認することもできます。高学年においても「書くこと」の学習では、「共有」に関する指導事項と関連付けて指導することも重要です。

(1) 情報と情報との関係

超スマート社会へ進展していく中、様々な媒体から送られる情報の中から必要な情報を取り出したり、情報同士の関係を分かりやすく整理したり、発信したい情報を様々な手段で表現したりすることが求められています。中教審答申（平成28年）においては、「教科書の文章を読み解けていないとの調査結果もあるところであり、文章で表された情報を的確に理解し、自分の考えの形成に生かしていけるようにすることは喫緊の課題である」と指摘されています。

これらを受け、学習指導要領に「情報の扱い方に関する事項」が新設され、「情報と情報との関係」「情報の整理」の二つの系統で示されました。話や文章に含まれている情報を取り出して整理したり、その関係を捉えたりすることが、話や文章を正確に理解することにつながります。また、自分のもつ情報を整理して、その関係を分かりやすく明確にすることが、話や文章で適切に表現することにつながります。

このような情報の扱い方に関する〔知識及び技能〕は国語科において育成すべき重要な資質・能力の一つであると言えます。

●情報と情報との関係について理解する

「話すこと・聞くこと」「書くこと」「読むこと」の領域における〔思考力、判断力、表現力等〕を育成する上では、話や文章に含まれている情報と情報との関係を捉えて理解したり、自分のもつ情報と情報との関係を明確にして話や文章で表現したりすることが重要です。

第1学年及び第2学年では、「共通、相違、事柄の順序など」に重点を置いて情報と情報との関係を理解することができるようにします。

例えば、「事柄の順序の関係を理解する」とは、複数の事柄などが一定の観点に基づいて順序付けられていることを認識することです。具体的には、時間、作業手順、重要度、優先度などの観点に基づいた順序が考えられます。第1学年及び第2学年では、事柄同士の共通点や相違点を見付けることや、事柄の順序を考えることが、理解したり表現したりする上で大切であることを理解することが重要です。

第3学年及び第4学年では、「考えとそれを支える理由や事例、全体と中心など」に重点を置いて、情報と情報との関係を理解することができるようにします。

情報の扱い方（⑴情報と情報との関係）

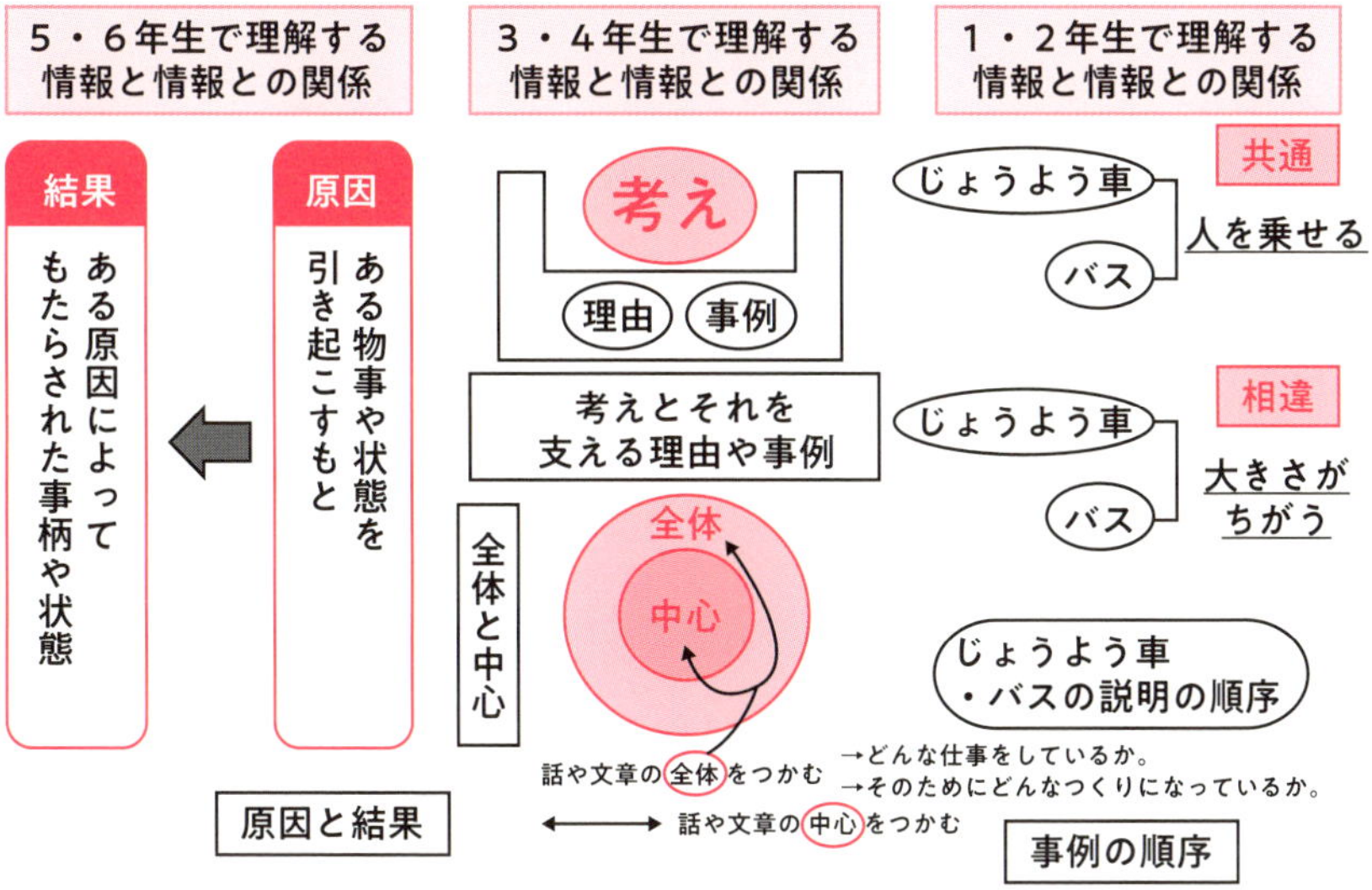

「理由」は、なぜそのように考えをもつのかを説明するものです。「事例」とは、考えをより具体的に説明するために挙げられた事柄や内容のことです。このため、理解したり表現したりする上で、考えがどのような理由や事例によって支えられているのかを吟味することが重要です。「中心」とは、話や文章の中心的な部分のことです。話や文章の全体を大づかみに捉えることが、その中心を把握することに役立ちます。また、中心を把握することが、全体をより明確に捉えることにもつながっています。

第５学年及び第６学年では、「原因と結果の関係など」に重点を置いて情報と情報との関係を理解することができるようにします。

「原因」とは、ある物事や状態を引き起こすもとになるものを指し、「結果」とは、ある原因によってもたらされた事柄や状態を指します。原因と結果の関係について理解するためには、例えば、ある事象がどのような原因によって起きたのかを把握したり明らかにしたりするなど、様々な情報の中から原因と結果の関係を見いだし、結び付けて捉えることができるようにすることが重要です。

2. 情報の扱い方

(2) 情報の整理

●情報の整理

情報を取り出したり活用したりする際に行う「整理」の仕方や、そのための具体的な「手段」を、理解したり活用したりすることができるようにします。

なお、学習指導要領において「情報の整理」は、第3学年以上の学習内容として示されています。

第3学年及び第4学年では、「比較や分類の仕方」「必要な語句などの書き留め方」「引用の仕方や出典の示し方」「辞書や事典の使い方」について理解し使うことができるようにします。

◇比較…複数の情報を比べること。

◇分類…複数の情報を共通の性質に基づいて分けること。

話や文章を理解したり、表現したりするためには、観点を明確にして比較したり、分類したりすることで情報を整理することが重要です。

◇必要な語句…情報を集めたり、発信したりする場合に落としてはいけない語句。それらを書き留めるためには、目的を意識して必要な語句を判断することが必要です。話や文章の内容を網羅的に書き出したり、機械的にメモの取り方を覚えたりするのではなく、必要な情報は何かということを念頭に置きながら、落としてはいけない語句を適切に捉え、それらを書き留めることが重要です。

◇引用…本や文章の一説や文、語句などをそのまま抜き出すことです。文章を引用する場合には必ず、引用する部分をかぎ（「　」）でくくることを併せて指導することが求められます。なお、文章の表現や情報だけに限らず、図表やグラフ、絵や写真なども含むことに留意する必要があります。

◇出典…引用元の書物や典拠などを指す。書物や典拠などのタイトル、著作者、発行年など、読み手が引用元に立ち返ってその内容を確認できるよう出典を示すとともに、引用部分が適切な量になるようにする必要があります。このことは、著作権を尊重し、保護するために必要なことであり、指導に当たっては十分留意することが求められます。

◇辞書や事典の使い方…「辞書」の利用については、国語辞典や漢字辞典などの使い方を理解するとともに、

情報の扱い方（⑵情報の整理）

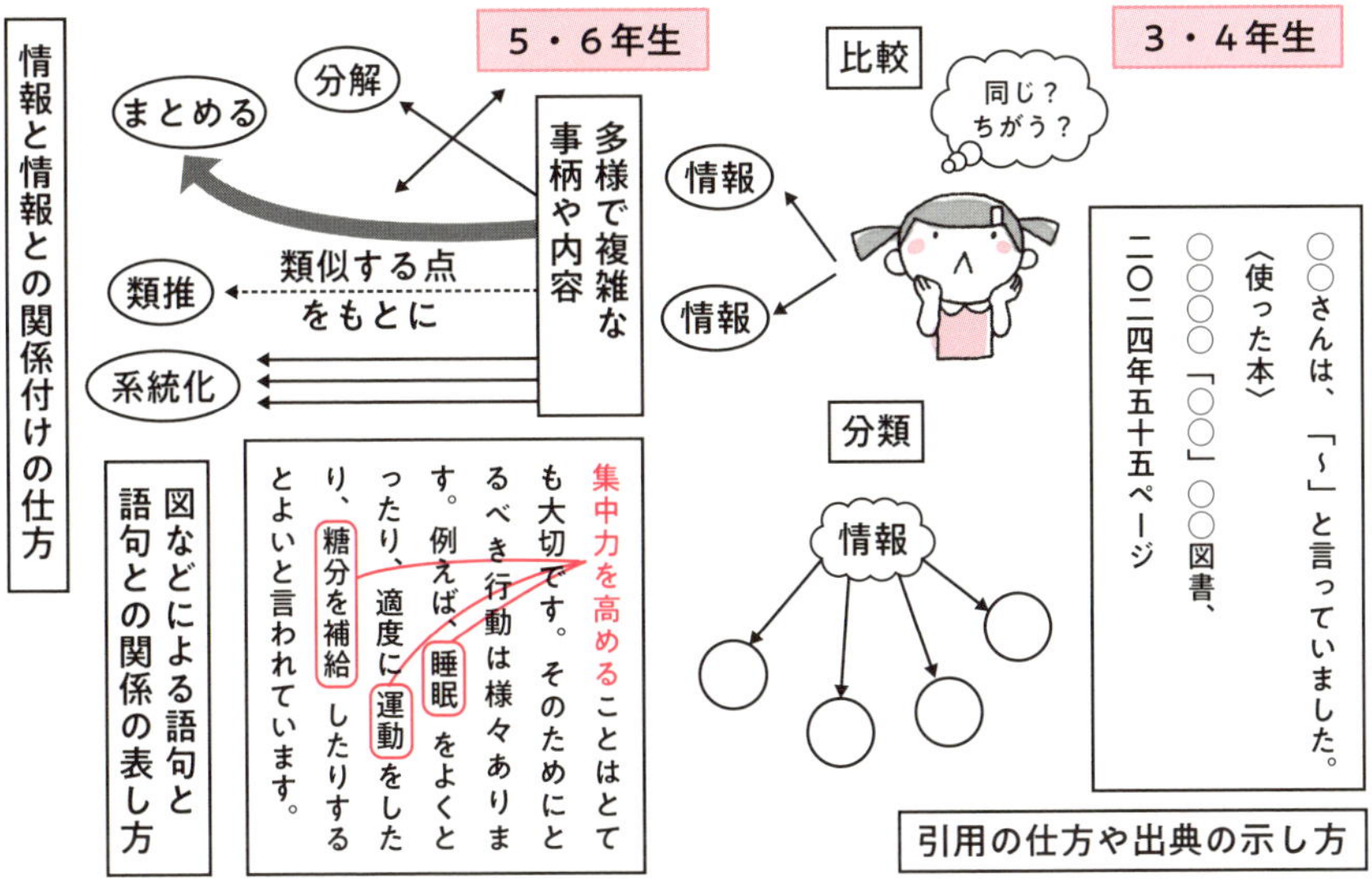

必要なときはいつでも辞書が手元にあり使えるような環境をつくっておくことが重要です。事典の利用については、目的に応じていろいろな種類の事典を選んだり、目次や索引を利用して情報を得たりすることが重要です。

第5学年及び第6学年では、「情報と情報との関係付けの仕方」「図などによる語句と語句との関係の表し方」について理解し、使うことができるようにします。

◇情報と情報との関係付けの仕方…複雑な事柄などを分解して捉えたり、多様な内容や別々の要素などをまとめたり、類似する点を基にして他のことを類推したり、一定のきまりを基に順序立てて系統化したりすることなどが挙げられます。

◇図などによる語句と語句との関係の表し方…複数の語句を丸や四角で囲んだり、語句と語句を線でつないだりするなど、図示することによって情報を整理することを指します。図示などにより語句と語句との関係を表すことを通して、考えをより明確なものにしたり、思考をまとめたりすることができることを理解することが重要です。

(1) 伝統的な言語文化

●我が国の伝統的な言葉の響きやリズムに親しむ

学習指導要領において、第1学年及び第2学年では「昔話や神話・伝承など」、第3学年及び第4学年では「優しい文語調の短歌や俳句」、第5学年及び第6学年では「親しみやすい古文や漢文、近代以降の文語調の文章」を取り扱うこととしています。

第1学年及び第2学年では、「読み聞かせを聞くなどして、我が国の伝統的な言語文化に親しむこと」と示されています。まず、読み聞かせを聞くことで、伝統的な言語文化に触れることの楽しさを実感できるようにすることが大切です。話の面白さ、独特の語り口調や言い回しなどにも気付き、親しみを感じられるようにします。

第3学年及び第4学年では、「音読したり暗唱したりするなどして、言葉の響きやリズムに親しむこと」と示されています。教材として、響きやリズムを体感できるような作品や親しみやすい作者の作品を選んだり、代表的な歌集などから内容を理解しやすい歌を選んだりすることが大切です。

第5学年及び第6学年では、「音読するなどして、言葉の響きやリズムに親しむこと」と示されています。古文や漢文を声に出して読むことで、心地よい響きやリズムを味わうとともに、読んで楽しいものであることを実感させるようにすることが大切です。

●伝統的な言語文化に触れる

第1学年及び第2学年では、「長く親しまれている言葉遊び」を行うことが示されています。言葉遊びとしては、いろはうたやかぞえうた、しりとりやなぞなぞ、回文や折句、早口言葉、かるたなど、昔から親しまれてきたものが考えられます。それらの遊びを通して「言葉の豊かさに気付くこと」とされています。

第3学年及び第4学年では、「長い間使われてきたことわざや慣用句、故事成語など」を取り扱うことが示されています。ことわざは、例えば「塵も積もれば山となる」「石橋を叩いて渡る」、「善は急げ」などがあります。慣用句は、「水に流す」「羽を伸ばす」などのように、二つ以上の語が結び付いて特定の意味を表すものです。故事成語は「矛盾」「推敲」「五十歩百歩」などのように中国の故事に由来する熟語です。これらについて「意味を知り、使うこと」と示されています。

第5学年及び第6学年では、「古典について解説した文章を読むことなどを通して昔の人のものの見方や感じ方を知ること」を示しています。能、狂言、人形浄瑠璃、歌舞伎、落語などを鑑賞することも考えられます。

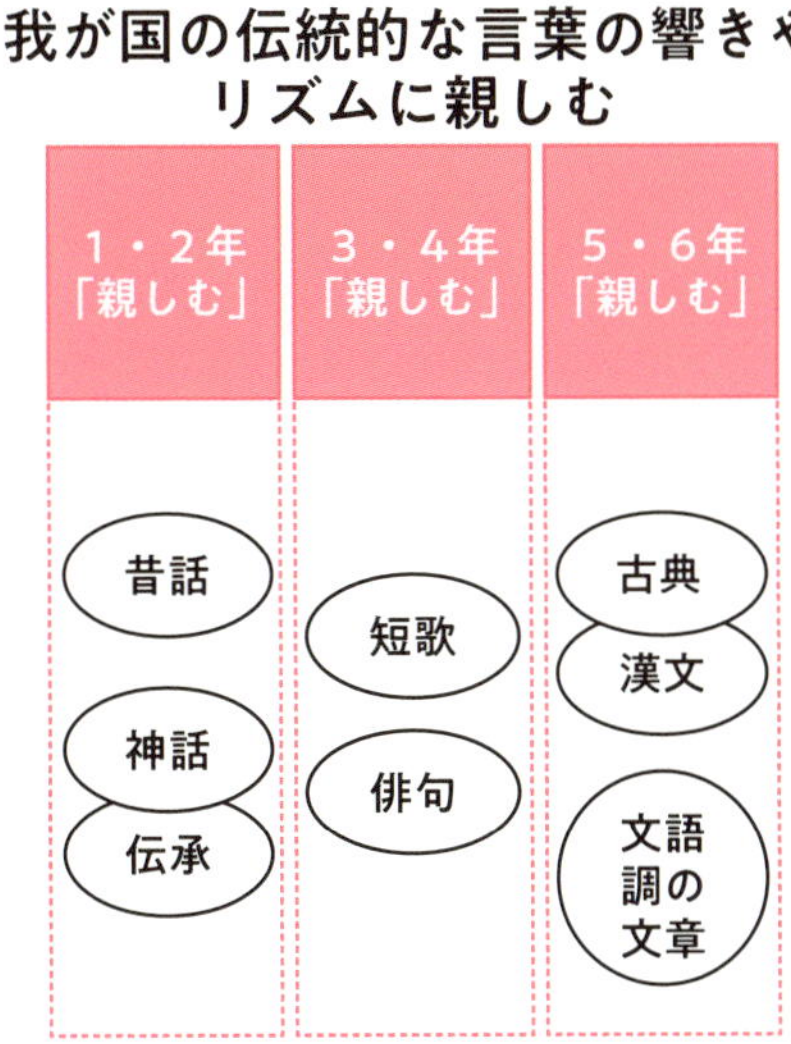

我が国の伝統的な言葉の響きやリズムに親しむ
1・2年「親しむ」
3・4年「親しむ」
5・6年「親しむ」
昔話
神話
伝承
短歌
俳句
古典
漢文
文語調の文章

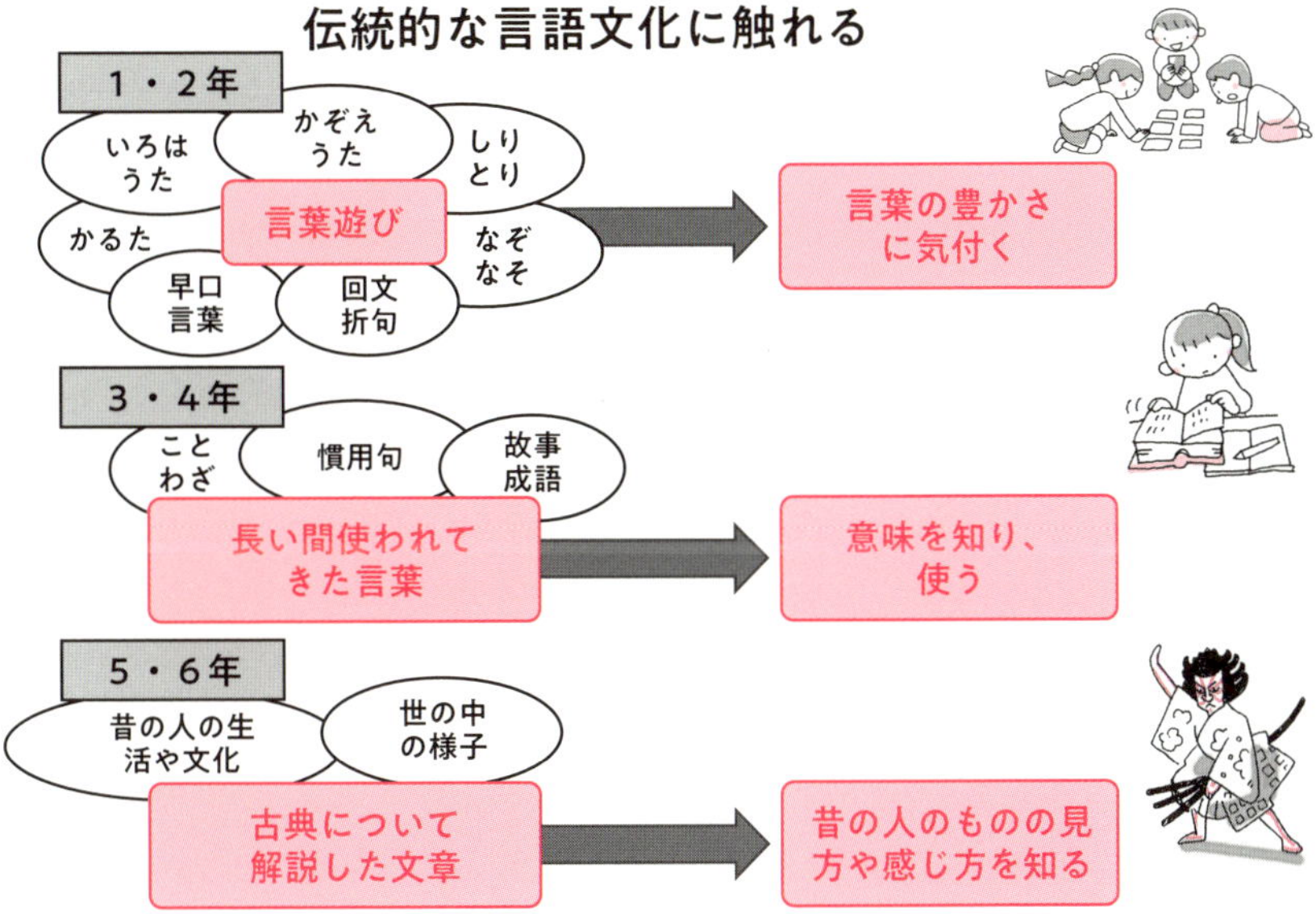

伝統的な言語文化に触れる
1・2年
いろはうた
かぞえうた
しりとり
かるた
言葉遊び
なぞなぞ
早口言葉
回文折句
言葉の豊かさに気付く
3・4年
ことわざ
慣用句
故事成語
長い間使われてきた言葉
意味を知り、使う
5・6年
昔の人の生活や文化
世の中の様子
古典について解説した文章
昔の人のものの見方や感じ方を知る

(2) 言葉の由来や変化

●漢字の構成を理解する

第3学年及び第4学年では、「漢字が、へんやつくりなどから構成されていることについて理解すること」と示されています。漢字文化に関する内容として「へん」「つくり」「かんむり」「あし」「たれ」「かまえ」「にょう」などの部首と他の部分とによって構成されていることを捉えることが重要です。また、実際の漢字についてその構成を理解することも大切です。指導に当たっては、漢字のへんやつくりなどから、漢字を調べたり、漢字の字義や読み方を推測したりすることも有効です。

●言葉の変化や共通語と方言、文字の由来を理解する

第5学年及び第6学年では、「語句の由来などに関心をもつとともに、時間の経過による言葉の変化や世代による言葉の違いに気付き、共通語と方言との違いを理解すること」と示されています。関心をもって語源を調べたり、和語、漢語、外来語などの区別について関心をもったりすることが重要です。また、古典などの言葉には、自分たちが普段使っている言葉とは異なる言葉があることや、それは時間の経過によって言葉が変化した結果であることに気付かせるようにします。時間の経過とともに言葉が変化していくことに気付き、自分たちの言葉への関心を深めるとともに、言語文化としての古典に親しみ、受け継いでいこうとする態度を養う契機とすることが重要です。

世代による言葉の違いについては、年配者や年少者には、それぞれの世代で特有な言葉遣いがあることを理解することが大切です。世代に特有の言葉遣いは、世代間の親近感やつながりを強める役割があることを意識させた上で、例えば若者の言葉が使える場合と使うべきではない場合とがあることなどを理解できるようにすることが重要です。

共通語と方言については、両方を比較、対照させながら違いを理解し、それぞれの特質とよさを知り、共通語を用いることが必要な場合を判断しながら話すことができるようにすることが必要です。

こうした言葉の変化や違いを明確に意識することによって、場に応じた適切な言葉遣いができるようにします。

さらに第5学年及び第6学年では、「仮名及び漢字の

由来、特質などについて理解すること」が求められます。具体的には、仮名や漢字がどのように形成され、継承されてきたのかなどについて基本的な知識をもつこと、表音文字としての平仮名や片仮名、表意文字としての漢字の特質を理解することが重要です。また、文章が漢字仮名交じりで表記されていること、漢字には原則として音と訓の読み方があることなどを理解することも大切です。

漢字の構成を理解する

部首と他の部分とによって漢字が
構成されていることを知る

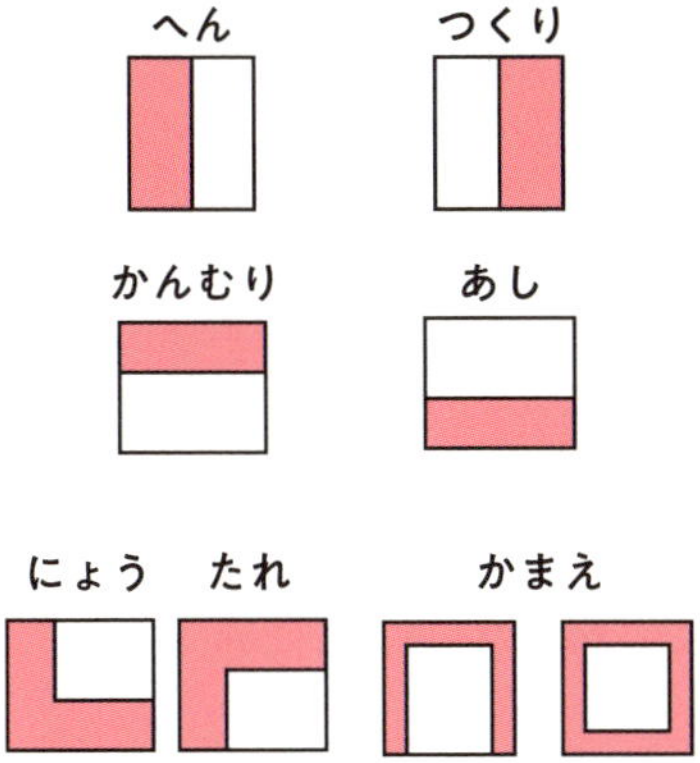

言葉の変化や共通語と方言、文字の由来を理解する

語句の由来に関心をもつ

時間の経過による言葉の変化に気付く

世代による言葉の違い

共通語と方言の違い

仮名及び漢字の由来、特質

表音文字…平仮名や片仮名
表意文字…漢字
日本語の文章は漢字仮名交じり表記

3. 我が国の言語文化

(3) 書写

学習指導要領には、書写の事項に関して、次の3つが示されています。

●姿勢や文字の組み立て、配列や書く速さ

第1学年及び第2学年では、「姿勢や筆記具の持ち方を正しくして書くこと」と示されています。姿勢は、背筋を伸ばした状態で体を安定させ、書く位置と目の距離を適度に取り、筆記具を持ったときに筆先が見えるようにすることが重要です。筆記具は、第1学年及び第2学年では主に鉛筆やフェルトペンを使用します。また、人差し指と親指と中指の位置、手首の状態や鉛筆の軸の角度などを適切にして、正しい持ち方で書くことが必要です。なお、姿勢、筆記具、正しい持ち方の関連性を考えて指導することが大切です。

第3学年及び第4学年では、「文字の組立て方を理解し、形を整えて書くこと」と示されています。部首と他の部分の組立て方、すなわち右と左、上と下、内と外などの関係において一つの文字が組み立てられるという仕組みを理解することが重要です。

第5学年及び第6学年では「用紙全体との関係に注意して、文字の大きさや配列などを決めるとともに、書く速さを意識して書くこと」と示されています。用紙全体との関係から文字の大きさを判断したり、文字の配置、字間、行間などの効果的な在り方について考えたりすることが必要です。また、書く場面の状況によって書く速さが決まってくることを意識することが重要です。

●筆順、文字の大きさや配列、穂先の動きと点画のつながり

第1学年及び第2学年では、「点画の書き方や文字の形に注意しながら、筆順に従って丁寧に書くこと」と示されています。点画の始筆から送筆、終筆(とめ、はね、はらい)までを確実に書き、筆順に従って点画を積み重ねながら文字の形を形成していく過程を意識して、丁寧に書くことが大切です。

第3学年及び第4学年では、「漢字や仮名の大きさ、配列に注意して書くこと」と示されています。語句、文、文章などの文字の集まりにおける漢字や仮名の大きさや配列に注意して書くことが大切です。

第5学年及び第6学年では、「毛筆を使用して、穂先の動きと点画のつながりを意識して書くこと」と示されています。点画の中での穂先の動きだけでなく、点画から点画へ、文字から文字へと移動していく過程が重要です。

●点画に注意したり筆記用具の特徴を生かしたりして書くこと

第1学年及び第2学年では、「点画相互の接し方や交わり方、長短や方向などに注意して、文字を正しく書くこと」と示されています。点画相互の関係性は、正しく整った文字を実現するために理解しておかなければならないルールでもあるため、基準となる字形を見て理解することが求められます。

第3学年及び第4学年では、「毛筆を使用して、点画の書き方への理解を深め、筆圧などに注意して書くこと」と示されています。毛筆による学習を通して、点画や点画の書き方への理解を深めることが大切です。

第5学年及び第6学年では、「目的に応じて使用する筆記具を選び、その特徴を生かして書くこと」と示されています。目的に応じて鉛筆、フェルトペン、毛筆などから筆記用具を選択し、筆記用具全体の形状、書く部分の材質や形状、色などの特徴を生かして書くことが大切です。

(4) 読書

●読書に親しむ

第1学年及び第2学年では、「読書に親しみ」と示されています。読書を通して様々な知識や情報を得たり、自分の考えを広げたりして、日常的に読書に親しむようにすることが大切です。読書を通して、新しい知識を得たり物語の世界を疑似体験したりできる読書の楽しさや面白さを感じることが大切です。

第3学年及び第4学年では、「幅広く読書に親しみ」と示されています。多様な本や文章があることを知り、読書する本や文章の種類、分野、活用の仕方など、自分の読書の幅を広げていくことが大切です。

第5学年及び第6学年では、「日常的に読書に親しみ」と示されています。読書の楽しさや有効性を実感しながら、日常生活の中で主体的、継続的に読書を行うことが大切です。

●読書の価値への気付き

第1学年及び第2学年では、「いろいろな本があることを知ること」と示されています。物語、昔話、絵本、科学的な読み物、図鑑など様々な種類のものが考えられます。表紙や題名だけでなく、自分が興味をもっていること、知りたいことや読んでみたい内容から本を選んで読むことを通して、いろいろな種類の本があることを知ることが大切です。また、読書への興味をもたせるために、子供の発達段階に応じて、易しい読み物の読み聞かせやストーリーテリングを行うことなども有効です。

第3学年及び第4学年では、「読書が、必要な知識や情報を得ることに役立つことに気付くこと」と示されています。読書によって、疑問に思っていたことが解決したり、新しい世界に触れて自分の興味が広がったりする楽しさを経験することが大切です。読書によって知識や情報を得るために、学校図書館などの施設の利用方法や、必要な本の選び方などを身に付けることも大切です。

第5学年及び第6学年では、「読書が、自分の考えを広げることに役立つことに気付くこと」と示されています。本の中の言葉は、時間や空間を超えて読者に伝わり、様々な物事を理解したり、書き手の多様なものの見方や考え方に触れたりすることができます。その中において自分にとって支えとなる言葉に出合ったり、新しい考えを発見したりすることによって、より一層読書の意義を強く実感することにつながります。読書によって多様な視点から物事を考えることができることに気付くことが重要です。

読書に親しむ

1・2年

読書に親しむ

新しい知識を獲得したり、物語の世界を疑似的に体験したりできる読書の楽しさや面白さを感じる

3・4年

幅広く読書に親しむ

多様な本や文章があることを知り、読書する本や文章の種類、分野、活用の仕方など自分の読書の幅を広げていく

5・6年

日常的に読書に親しむ

読書の楽しさや有効性を実感しながら、日常生活の中で主体的、継続的に読書を行う

読書の価値への気付き

自分の考えを広げる

読書により多様な視点から物事を考える・自分を支える言葉を見付ける・今までになかった考えを発見する

知識や情報を得る

疑問に思っていたことが解決する・新しい世界に触れて自分の興味が広がる

いろいろな本

物語・昔話・絵本・科学的な読み物・図鑑

COLUMN 2

言葉による見方や考え方が働く、意味ある「問い」を生み出す

国語科の学びの動機には、「問い」が必要です。意味ある問いに必要な要素として、①教材に対する子供たちの能動的な関わりが期待できる、②個別の問いを集団の問いへと調和させつつ、かつ教師の狙いに即している、③前単元や前学年までに習得している知識や技能が想起され、それらの課題が自覚される、④新しい知識や技能の習得につながる、⑤言葉による見方・考え方が活性化するような言語活動へつながる、ことなどが挙げられます。

意味ある問いを生み出すには、意図的・計画的に能力を育成しようとする教師と、学習の主体である子供たちの実態（思いや願い）との整合が重要です。そこには子供にとって学び甲斐のある、自分事としての問いが生まれるに違いありません。言葉による見方や考え方が働く、意味ある問いには、「A　見方（読みの位置）」「B　考え方（読みの方略）」「C　言語活動（読みの外化）」の三つの要素を含めるとよいでしょう。

低学年の定番教材である「お手がみ」の単元全体の問いを例示します。

【単元全体の問い（学習課題）】（例：「お手がみ」）
かえるくんとがまくんがしたことや言ったことを場面の様子に注意しながら読み（要素A）、そのときどきの二人の気持ちをいっぱい想像して（要素B）、あなたが声をかけてあげたい言葉を集めて感想にまとめ、みんなで伝え合おう（要素C）。

■要素A：【見方（読みの位置）】視点、着眼点（例：登場人物や書き手、事柄、構造や表現、書き手）
・◯が◯◯したこと　・◯が◯◯であること　・◯が~なった変化　・◯と◯の関係について
・書き手が伝えたかったこと　・作品のもつ特徴や構造の工夫について

■要素B：【考え方（読みの方略）】思考方法、思考操作（例：想像、比較、分析、対照、推論）
・共通点や相違点を整理しながら　・想像したり、推論したりして　・人物に同化したり、異化したりして　・複数の作品を比べて

■要素C：【言語活動（読みの外化）】内言の外言化（パフォーマンス、記述）
・自分の考えを友達が分かるように説明しよう
・自分の考えを表や図に整理して伝えよう
・感想を書くときのポイントを全員で明らかにしよう

第3章

国語科の
“思考力、判断力、
表現力等”

1. 話すこと・聞くこと

(1) 話すこと

学習指導要領における「話すこと・聞くこと」の指導事項について、内容の（1）は、学習過程に沿って、次のように構成されています。

■話題の設定、情報の収集、内容の検討
■構成の検討、考えの形成（話すこと）
■表現、共有（話すこと）
■構造と内容の把握、精査・解釈、考えの形成、共有（聞くこと）
■話合いの進め方の検討、考えの形成、共有（話し合うこと）

5つの指導事項のうち、「話すこと」についての指導事項は、「話題の設定、情報の収集、内容の検討」「構成の検討、考えの形成（話すこと）」「表現、共有（話すこと）」となります。

●話題の設定、情報の収集、内容の検討

◇第1学年及び第2学年

ア　身近なことや経験したことなどから話題を決め、伝え合うために、必要な事柄を選ぶこと。

◇第3学年及び第4学年

ア　目的を意識して、日常生活の中から話題を決め、集めた材料を比較したり分類したりして、伝え合うために必要な事柄を選ぶこと。

◇第5学年及び第6学年

ア　目的や意図に応じて、日常生活から話題を決め、集めた材料を分類したり関係付けたりして、伝え合う内容を検討すること。

●構成の検討、考えの形成（話すこと）

◇第1学年及び第2学年

イ　相手に伝わるように、行動したことや経験したことに基づいて、話す事柄の順序を考えること。

◇第3学年及び第4学年

イ　相手に伝わるように、理由や事柄などを挙げながら、話の中心が明確になるよう話の構成を考えること。

◇第5学年及び第6学年

イ　話の内容が明確になるように、事実と感想、意見とを区別するなど話の構成を考えること。

キリンを
見てきたよ！
中学年
目的意識
低学年にキリンの
背の高さについて
話したい
低学年
事柄を選ぶ
動物園に行った時に
見たキリンについて
話したい！
高学年
意図
役所の人に
動物保護について
提案したい！
中学年
1・2年生のみんなへ
疑問を解決できる文章で 理由も
つけて分かりやすい文にしよう！
→話の中心・理由
高学年
役所の方へ
本当のことと、自分の考えを分けて
分かりやすい文にしよう！
→事実と感想、意見を区別
低学年
家族へ
話す順番に気を付けよう！
→はじめ・中・終わり

●表現、共有（話すこと）

◇第1学年及び第2学年

ウ　伝えたい事柄や相手に応じて、声の大きさや速さなどを工夫すること。

声の大きさや速さなどを工夫するためには、実際に話す機会を設定することが大切です。

話し言葉としての表現の仕方を工夫するためには、〔知識及び技能〕の(1)「イ　音節と文字との関係、アクセントによる語の意味の違いなどに気付くとともに、姿勢や口形、発声や発音に注意して話すこと。」との関連を図り、指導の効果を高めることが考えられます。その際、ICT端末を活用し実際に話しているところを動画で撮影し、声の大きさや速さ、姿勢や口形などを客観的に振り返り、次の学習に生かすことができます。

◇第3学年及び第4学年

ウ　話の中心や話す場面を意識して、言葉の抑揚や強弱、間の取り方などを工夫すること。

話の中心的な部分において自分の感じたことを強く伝えるために、抑揚を意識して話したり、多人数の聞き手に伝えたいことを伝えるために、声を張って話したりするなど、話の中心や話す場面を意識して話し方を工夫することが大切です。

言葉の抑揚や強弱、間の取り方などを工夫するためには、〔知識及び技能〕の(1)「イ　相手を見て話したり聞いたりするとともに、言葉の抑揚や強弱、間の取り方などに注意して話すこと。」との関連を図ることが有効です。その際，前もって抑揚や強弱などの観点を示し、ICT端末を活用して自分や友達の話しているところを動画で撮影し、観点に沿って振り返りを行い、互いのよさを確認することも効果的です。

◇第5学年及び第6学年

ウ　資料を活用するなどして、自分の考えが伝わるように表現を工夫すること。

表現を工夫するためには、相手や目的を一層意識することが求められます。聞き手の興味・関心や情報量などを予想し、補足説明が必要な箇所や言葉だけでは伝わりにくい内容について、どのような資料を用意すればよいのかを考えることも大切です。実際に発表する場面では、聞き手のうなずきや表情にも注意することが大切です。

場面や相手を意識して話すためには、〔知識及び技能〕の(1)「キ　日常よく使われる敬語を理解し使い慣れること。」における言葉遣いに関する理解との関連を図り、指導の効果を高めることが考えられます。

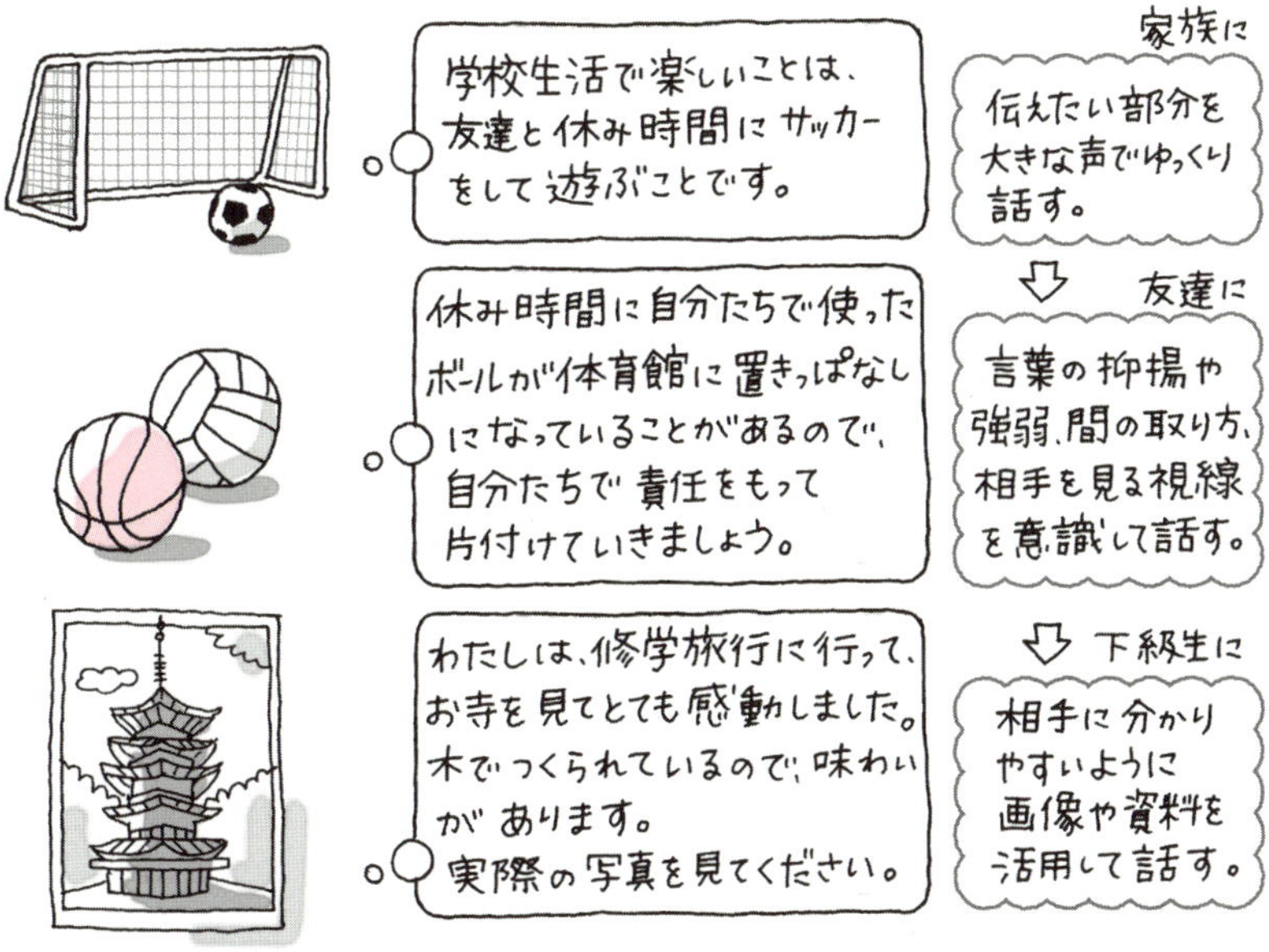
学校生活で楽しいことは、友達と休み時間にサッカーをして遊ぶことです。
家族に
伝えたい部分を大きな声でゆっくり話す。
休み時間に自分たちで使ったボールが体育館に置きっぱなしになっていることがあるので、自分たちで責任をもって片付けていきましょう。
友達に
言葉の抑揚や強弱、間の取り方、相手を見る視線を意識して話す。
わたしは、修学旅行に行って、お寺を見てとても感動しました。木でつくられているので、味わいがあります。実際の写真を見てください。
下級生に
相手に分かりやすいように画像や資料を活用して話す。

知識及び技能（1）キとの関連

敬体「～です」「～ます」
常体「～だ」「～である」
に注意して書くこと。
敬語に使い慣れること

知識及び技能（1）イとの関連

録画して振り返りをして
次の学習に生かそう！
姿勢
口形
発声
発音
目線
間の取り方
抑揚

(2) 聞くこと

学習指導要領における「話すこと・聞くこと」の指導事項において、内容の⑴は、学習過程に沿って、5つの指導事項で構成されています。

5つの指導事項のうち、「聞くこと」についての指導事項は、「話題の設定、情報の収集」、「構造と内容の把握、精査・解釈、考えの形成、共有（聞くこと）」となります。

●話題の設定、情報の収集

◇第1学年及び第2学年

ア　身近なことや経験したことなどから話題を決め、伝え合うために、必要な事柄を選ぶこと。

集めた事柄を全部話の中に取り入れるのではなく、伝え合うために必要な事柄かどうかを判断して選ぶことが大切です。

また、話したり話し合ったりするために、必要な事柄を選ぶことに加え、自分が聞きたいことを聞く前に具体的に予想しておくなど、聞くことに関わって必要な事柄を選ぶことが大切です。

◇第3学年及び第4学年

ア　目的を意識して、日常生活の中から話題を決め、集めた材料を比較したり分類したりして、伝え合うために必要な事柄を選ぶこと。

集めた材料を共通点や相違点に着目しながら比べたり、共通点に基づいて分けたりすることが大切です。

また、集めた材料が、話したり聞いたり話し合ったりする目的に合っているかどうかを意識しながら確かめ、より適切なものを見つけていくことも大切です。

◇第5学年及び第6学年

ア　目的や意図に応じて、日常生活の中から話題を決め、集めた材料を分類したり関係付けたりして、伝え合う内容を検討すること。

集めた材料を話す目的や意図に応じて内容ごとにまとめたり、それらを互いに結び付けて関係を明確にしたりすることが大切です。

また、材料を複数のまとまりに分けたり、異なる内容の材料を総合してどのようなことが言えるのかを明確にしたりすることも大切です。

低学年
町たんけん

中学年
社会科見学
ゴミ処理場

高学年
市役所の方へ提案
「環境を守ろう」

●構造と内容の把握、精査・解釈、考えの形成、共有（聞くこと）

◇第1学年及び第2学年

> エ　話し手が知らせたいことや自分が聞きたいことを落とさないように集中して聞き、話の内容を捉えて感想をもつこと。

話し手が知らせたいことや自分が聞きたいことを落とさないように集中して聞くことに重点を置いています。

話し手が知らせたいことや、事柄の順序を意識しながら聞き、話の内容を把握したり、自分の聞きたいことを明確にして話を聞いたりすることが大切です。また、話の内容に対して、自分が興味をもったり感心したりしたことなどを伝え、徐々に自分の体験と結び付けて感想が言えるようにすることも大切です。

◇第3学年及び第4学年

> エ　必要なことを記録したり質問したりしながら聞き、話し手が伝えたいことや自分が聞きたいことの中心を捉え、自分の考えをもつこと。

記録したり質問したりしながら聞くことや、話し手が伝えたいことや自分が聞きたいことの中心を捉え、自分の考えをもつことに重点を置いています。

必要な内容を記録するためには、重要な語句は何かを判断しながら聞いたり、聞いた後に話の内容を振り返ったりすることが大切です。

話の中心を捉えることには、話し手が伝えたいことの中心を捉えることと、自分が聞きたいことの中心を明確にして聞くこととの二つの側面があります。

自分の考えをもつためには、話の内容を予想して聞いたり、聞いた内容と自分が知っていることとを比べたりすることが有効です。

◇第5学年及び第6学年

> エ　話し手の目的や自分が聞こうとする意図に応じて、話の内容を捉え、話し手の考えと比較しながら、自分の考えをまとめること。

話し手の目的や自分が聞こうとする意図を考慮しながら聞くことに重点を置いています。

話の目的や自分の伝えたいこと、共に考えたいことを踏まえて、話の内容を十分に聞くことが大切です。その際には、自分が求めている情報や聞いた内容の生かし方、相手からの情報の引き出し方などを明確にすることも大切です。

話し手と自分の考えを比較して共通点や相違点を整理することや、共感した内容や納得した事例を取り上げて、自分の考えをまとめることが大切です。

低学年

「わたしはすいぞくかんにいきました。」
イルカショー
ダイナミック!!
どのくらい
魚がいたの?
聞
話

中学年

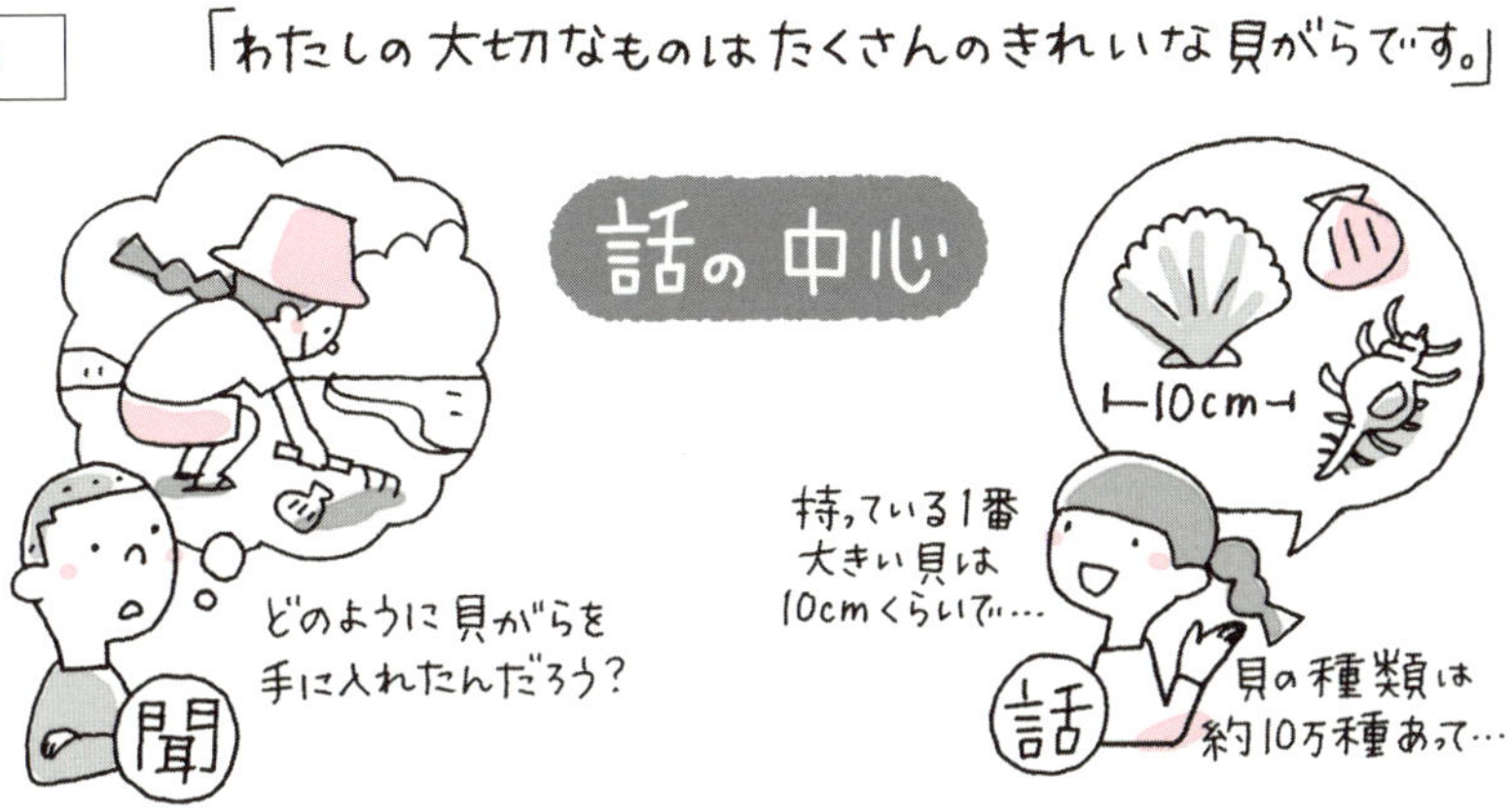
「わたしの大切なものはたくさんのきれいな貝がらです。」
話の中心
どのように貝がらを
手に入れたんだろう?
聞
⊢10cm⊣
持っている1番
大きい貝は
10cmくらいで….
貝の種類は
約10万種あって…
話

高学年

どのように
ボランティアをする人を
集めたらいいのかな?
学校生活を
よりよくするには…?
目的
どのような内容で
ボランティアが
できるかな?
共に考える
聞
話

(3) 話し合うこと

学習指導要領における「話すこと・聞くこと」の指導事項について、内容の(1)は、学習過程に沿って、5つの指導事項で構成されています。

5つの指導事項のうち、「話し合うこと」についての指導事項は、「話題の設定、情報の収集、内容の検討」「話し合いの進め方の検討、考えの形成、共有（話し合うこと）」となります。

●話し合いの進め方の検討、考えの形成、共有

◇第1学年及び第2学年

> オ　互いの話に関心をもち、相手の発言を受けて話をつなぐこと。

話合いの基盤となる〔思考力、判断力、表現力等〕を示す指導事項です。その中で、互いの話に関心をもって聞き、相手の発言に関連した発言をすることで話をつなぐことを示しています。

そのためには、互いの話に関心をもって聞き、話の内容を理解した上で話題に沿って話したり、再び聞いたりすることが大切です。

相手の発言を受けて話をつなぐためには、例えば、相手が欲しいものについての発言を聞いて、さらに欲しい理由やどのような物なのかなどを詳しく知るために質問をすることが考えられます。復唱して確かめる、共感を示す、感想を言うことなども考えられます。

互いの話に関心をもって話し合うためには、質問をしたり共感したりするなどの活動を通して、話がつながることの楽しさやよさを実感できるようにすることが大切です。

このことが、第3学年及び第4学年以降での話合いの素地となります。

◇第3学年及び第4学年

> オ　目的や進め方を確認し、司会などの役割を果たしながら話し合い、互いの意見の共通点や相違点に着目して、考えをまとめること。

話し合って考えをまとめるために、司会などの役割を果たしながら、互いの意見の共通点や相違点に着目することに重点を置いています。

低学年

もっと
知りたいなあ
質問しようかな
話に関心をもって聞く
話の内容を理解
復唱
感想
共感

中学年

話し合いがまとまるように
・目的
・発言を促す
・共通点と
相違点を促す
・まとめ
提
司
参
参

高学年

考えが広がる
考えが深まる
互いの立場や
意図を明確に!!
一人一人思いきり楽しもう
理由を尋ね合う
一人一人全力で取り組もう
運動会を成功させよう
学級のテーマ
Aの意見
Bの意見

話合いの目的や目指す到達点、そこに向かう話合いの進め方などを確認して、話し合う目的や必要性を意識して話合いを進めることが大切です。

司会の役割は、話合いがまとまるように進行していくことです。最初は準備した進行表に沿って進行していき、徐々に話合いが目的に応じて適切に進行するようにしていくことが大切です。そして、参加者に発言を促したり、発言の共通点や相違点を確認したり、話し合った内容をまとめたりすることも大切です。

司会者、提案者、参加者などは、それぞれの役割を理解し、話題に沿って発言しているか、その発言は話合いの流れを踏まえているかなどの観点に基づいて適時判断しながら話合いを進めるようにすることが大切です。互いの意見の共通点や相違点に着目し、一つの結論を出したり、話し合われたことに対する自分の考えをまとめたりすることも大切です。

互いの意見を比較し、考えが相違するときには、それぞれの考えがどのようなことに基づいているのか確認することも重要です。

◇第5学年及び第6学年

オ　互いの立場や意図を明確にしながら計画的に話し合い、考えを広げたりまとめたりすること。

互いの立場や意図を明確にしながら計画的に話し合うことで、考えを広げたりまとめたりすることに重点を置いています。

その際には、話題に対してどのような考えをもっているのかを互いに明らかにすることが大切です。立場が対立的な関係にある場合においても、互いに言い負かすことを話合いの目的とするのではなく、異なる立場からの考えを聞き、意見の基となる理由を尋ね合うことで、互いの考えを広げたりまとめたりすることが大切です。

話合いにおける方法に関する意識を共有することは大切です。そして、話合いにおいて立場や意図を明確に示すために、話合いの冒頭で意見を述べることも考えられます。話合いを始める前には、話合いの内容、順序、時間配分等を事前に検討することに加えて、意見を一つにまとめるのか、互いの考えを広げるのかなど、話合いの目的や方向性を検討することも大切です。

話し合った後で考えをまとめる際には、異なる意見を自分の考えに生かせるような表現を用いると効果的です。指導に当たっては、〔知識及び技能〕の(1)「イ　話し言葉と書き言葉との違いに気付くこと。」との関連を図り、指導の効果を高めることが考えられます。

低学年

話がつながることの
楽しさやよさを実感

中学年

互いの意見の共通点や相違点に着目し１つの結論・自分の考えのまとめ

高学年

意見を１つにまとめる
互いの考えを広げる
目的や方向性を
明確にする

知識及び技能

(1) イ
話し言葉
書き言葉
との違い

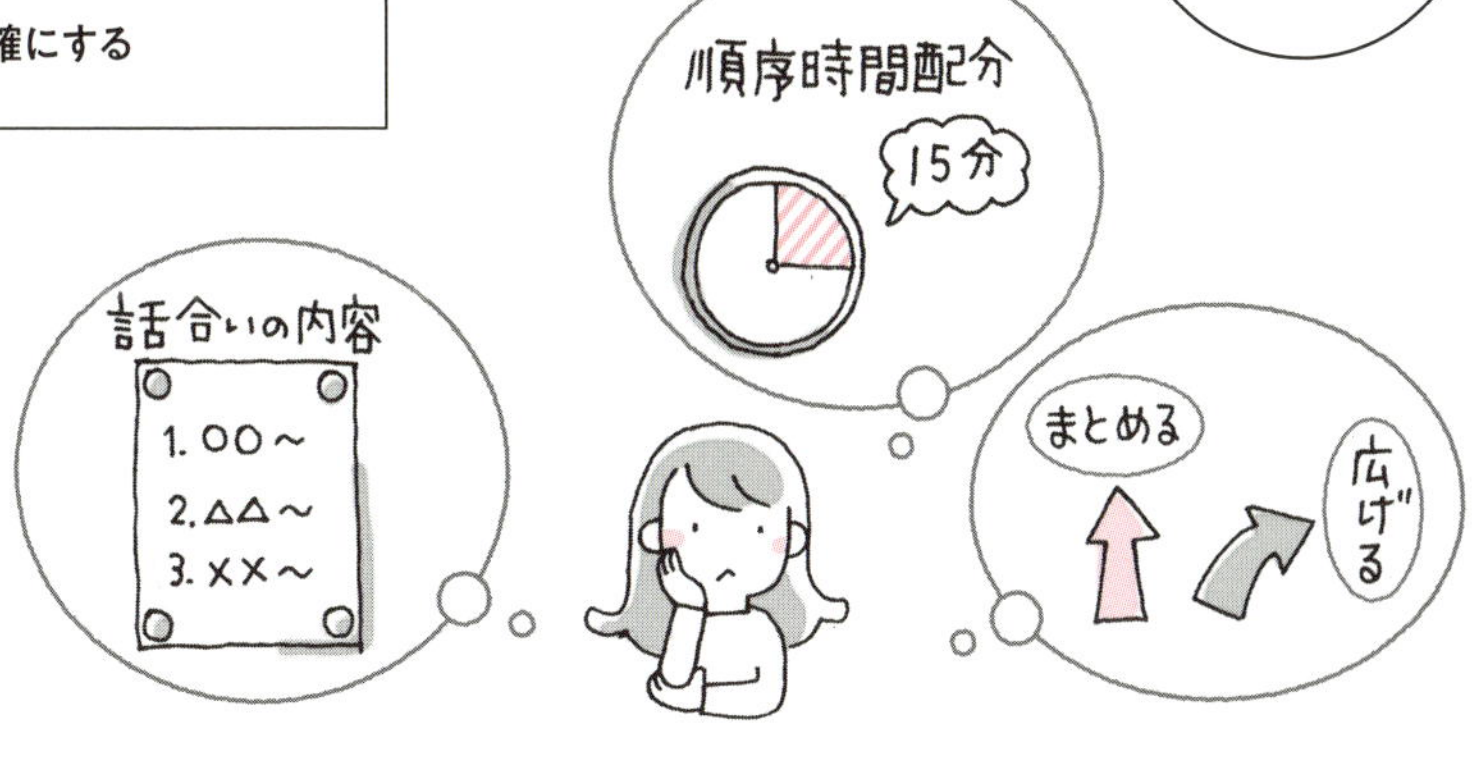

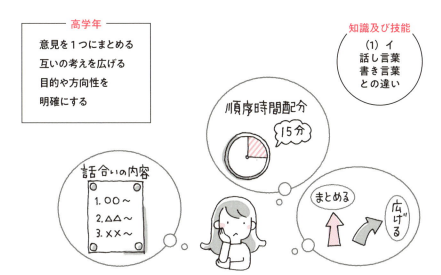

2. 書くこと

(1) 報告文

■第3学年及び第4学年　書くこと　(2)言語活動例

ア　調べたことをまとめて報告するなど、事実やそれを基に考えたことを書く活動。

●言語活動の特徴

報告文とは、あるテーマにおいて、一定の目的や手続きを踏み、その事実・出来事・調査・活動を通して明らかにしたことや考察したことなどについて、特定の相手に伝える文章のことです。

報告文を構成する要素は、①目的やきっかけ、②方法や計画、③（②に沿った）結果、④感想や考察、今後の見通し、等です。③では、具体的な数値等を図表にして文章に添えることもあります。

報告文をまとめる形式は、新聞、リーフレット、レポート等も考えられます。中学年以降は見出しを付けて構成します。また、敬体と常体のどちらで書くのかを統一します。高学年では横書きで表すこともあります。

●報告文を書くことで身に付けたい資質・能力

伝える相手や目的を意識し、経験や調査等の結果などから書くことを選び、集めた材料を比較や分類をして、伝えたいことを計画にする力を付けることができます。

そのためには、報告することによって自分はどのようなことを伝えたいのか、どのような影響を与えたいのか、その目的に効果的な情報を収集することが重要です。

●指導のポイント

①意図的・計画的に取材する

報告の結果表出した成果や課題による、今後の思考や行動の指針を伝えます。その情報を得るための取材計画を立てます。既に済んだ自分の経験だけではなく、意図的に必要な情報を得るための追加取材も行います。

②取材した情報を整理する

報告の対象に対する方法や計画に沿って、順番に書いていくことを念頭に取材で集めた情報を整理します。低学年は、一つのことを中心に書くこともあります。

③教科等横断的な視点をもつ

・事実（社会科、理科、生活科…学習の内容・結果等）
・出来事（学校行事…校外学習、運動会、音楽会等）
・調査（総合的な学習の時間…現状、アンケート等）
・活動（特別活動……委員会活動、クラブ活動等）

報告文

報告文の構成要素

① 目的やきっかけ
② 方法や計画
③ ②に沿った結果
④ 感想や考察、今後の見通し

【身に付けたい力】
伝える相手や目的を意識して、経験や調査等の結果などから書くことを選び、集めた材料を比較や分類して、伝えたいことを計画する力

教科横断的な
指導の例

意図的・
計画的な取材

(2) 記録文

■第1学年及び第2学年　書くこと　(2)言語活動例

ア　身近なことや経験したことを報告したり、観察したことを記録したりするなど、見聞きしたことを書く活動。

●言語活動の特徴

記録文とは、事実や事柄、経験したことや見聞きしたことなどについて、書き残す文章のことです。

記録文を構成する要素は、①記録の目的、対象、方法、場所、日時、天候、時間、②①の順番や変化、③感想や考察、今後の見通し、等になります。

記録文をまとめる形式は、カード、レポート、小冊子等も考えられます。記録したものは、自分自身や他の人に、後々に活用してもらうものとなります。また、メモとして箇条書き等で記録し、それを基にして記録を文章化をする過程を踏みます。

●記録文を書くことで身に付けたい資質・能力

経験したことについて、必要な事柄の収集や確認をし、伝えたいことを明確にする力を付けることができます。

そのためには、経験したことに対する記憶が明瞭なうちに、記録に必要な情報を整えていくことが重要です。

●指導のポイント

①記録の種類を確認する

活動の記録、観察の記録、話合いの記録、点検の記録等の種類があります。記録は後に活用されるものであるので、記録の目的はその種類に即したものに定めます。

②メモを取る観点をもつ

記録文を書く前段階で情報を集めてメモに取ります。

・複数のメモを取ることになりますが、全てに必須、または選択とする観点を事前に設定します。

(例) 時刻・場所・天候・方向・見た目・数・音・変化

・観点の対象について、例えて表現することができます。

(例) 「～のような○○」「～に似ている○○」「～位の○○」「～より○○」「～みたいな○○」

③集めたメモを文章化する

・対象の傾向が分かるように観点ごとに分類します。

・分類したものについて、各観点内と観点ごとにおいて、効果的に伝えられる順序に並べ替えます。

・まとめた記録から、目的につながるまとめを考えます。

記録文

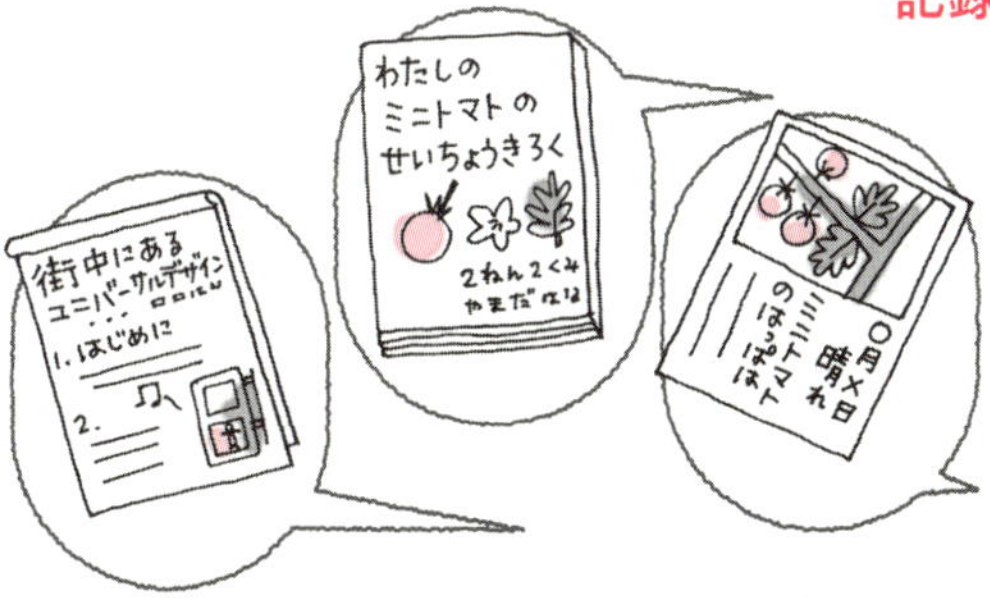

記録文の構成要素

① 記録の目的、対象、方法、場所、日時、天候、時間
② ①の順番や変化
③ 感想や考察、今後の見通し

(3) 説明文

■第5学年及び第6学年　書くこと　(2)言語活動例

ア　事象を説明したり意見を述べたりするなど、考えたことや伝えたいことを書く活動。

●言語活動の特徴

説明文とは、事象や物事について、事実だけではなく、背景・原因・経過・働き・仕組み・価値等を整理し、それらについて知らない相手に解説する文章のことです。

説明文を構成する要素は、①問題提起、②問題に対する問答、手順、理由等の具体的な説明、③答え等になります。②は、複数の説明を提示し、答えに導きます。その説明を補完するために、図表、絵画、写真等の資料を文章と関連させて提示することがあります。

説明文をまとめる形式は、説明書やパンフレット、図鑑等が考えられます。説明に効果的な資料の収集、説明する順序、指示語や接続語の使い方等が必要になります。

●説明文を書くことで身に付けたい資質・能力

引用したり、図表やグラフなどを用いたりして、説明が分かりやすく読み手に伝わるように書き表し方を工夫する力を付けることができます。

そのためには、具体的な数値や名称、信頼のできる出典の資料を選び、自分の説明を補強することが重要です。

●指導のポイント

①挿入する資料を検討する

・説明を成立させる客観性と正確性のあるものにします。
・図表は具体的な数値があるものにし、表題も入れます。
・言葉や図表の引用をする際は、その出典を明記します。
・文章と資料との対応関係を分かりやすく配置します。

②実際の説明文を分析する

生活の中にある実物の説明文（電化製品の使い方、ゲームの遊び方、工作の作り方等）を集めて分析します。内容や表現を考え、記述の見通しをもてるようにします。

③問題を提起する

・説明したい問題に読み手の関心を引き寄せるために、問題を提起する問いかけの文を入れます。

(例)「なぜ～か」「どうして～か」「どのように～か」

・問いかけではない問題提起を置くこともできます。

(例)「～を教えます」「～を考える必要があります」

・まとめでは、問題提起と呼応する答えを入れます。

説明文

説明文の構成要素

① 問題提起
② 問題に対する疑問、手順、理由等の具体的な説明
③ 答え

(4) 意見文

■第5学年及び第6学年　書くこと　(2)言語活動例

ア　事象を説明したり意見を述べたりするなど、考えたことや伝えたいことを書く活動。

●言語活動の特徴

意見文とは、ある事実や物事、他者の意見に対し、理由や事例を明確にして筋道を立てた自分の考えについて、自分とは異なる立場の相手を説得する文章のことです。

意見文を構成する要素は、①事実や物事、他者の意見の現状と問題提起、②事例と主張、主張と理由、③想定される異論とそれに対する反論、④結論や今後の意思表明、等になります。②や③では、説得力をもたせるためのストラテジーをもたせることが重要です。

意見文をまとめる形式は、新聞やインターネットでの投書、提案・推薦書集等も考えられます。意見文は、感想文のような感性による思いの表出ではなく、裏付けとなる事実を根拠にした自分の考えを記述していきます。

●意見文を書くことで身に付けたい資質・能力

事実と感想、意見を区別して、自分の考えが伝わるように書き表し方を工夫する力を付けることができます。

そのためには、読み手に自分の意見を納得してもらえるように、その根拠となる事実を表すことが重要です。

●指導のポイント

①事実と意見を書き分ける

・事実とは、実際に起きている出来事、科学的に証明済の事象、実在している事物、既出の論理等を表します。

(例)「〜になっている」「〜がある」「〜と言われている」

・意見とは、事実に対して自ら創出した考えのことです。

(例)「〜と考える」「〜ではないか」「〜するべきだ」

②説得力を強化する

・具体的な数値や名称、事例を根拠に入れることで、書き手の独りよがりではない現実感を読み手に与えます。

・専門的立場の人や偉人の言葉の引用により、権威ある考えと同様という印象から受容されやすくなります。

③異論（反論）を想定する

自分の意見とは反対の考えがあることを認めます。その上で、自分と異なる立場を多角的に捉え、その論理の弱い点を指摘し、それを乗り越える自分の意見の正当性を示します。構想時に複数の異論と各反論を想定します。

意見文

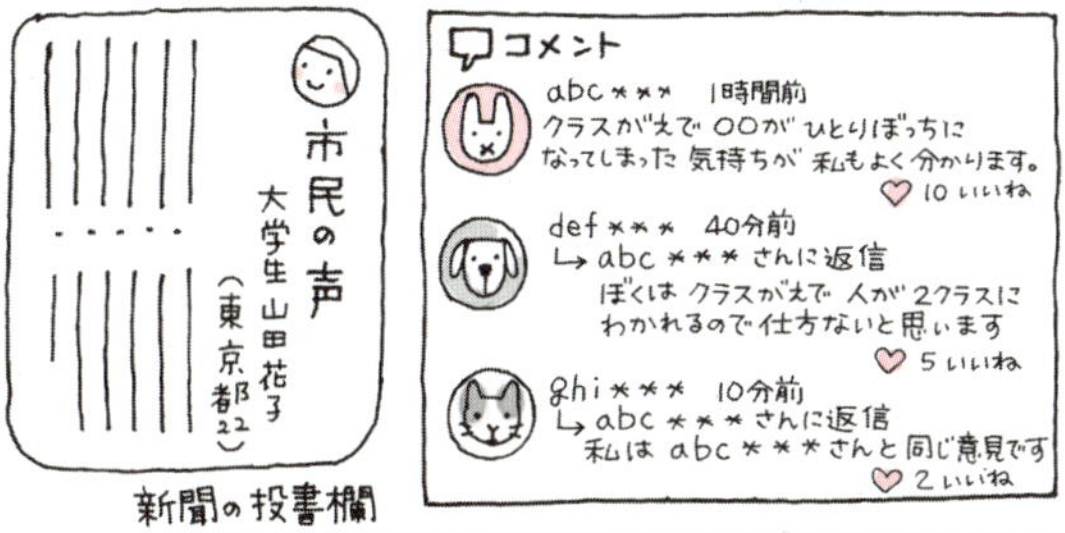

意見文の構成要素

① 事実や物事、他者の意見の現状と問題提起
② 事例と主張、主張と理由
③ 想定される異論とそれに対する反論
④ 結論や今後の意思表明

2. 書くこと

(5) 日記・手紙

■第1学年及び第2学年　書くこと　(2)言語活動例

イ　日記や手紙を書くなど、思ったことや伝えたいことを書く活動。

【日記】

●言語活動の特徴

日記とは、日々の出来事や感じたことなどを記録する文章です。時系列で書かれることが多いですが、起承転結で書いたり、特に印象に残った出来事について詳しく書いたりと、様々な形式があります。また、日記を継続的に書く習慣が身に付けば、書き溜めたものを見返す楽しさを感じることもできます。

●日記を書くことで身に付けたい資質・能力

身近な生活の中で、「起こったこと」「自分自身が行ったこと」「見聞きしたこと」などから、書きたいことや伝えたいことを見いだして書く力を付けることができます。

●指導のポイント

①教師が書いた日記を見て、見通しをもつ

・モデルとして教師が書いた日記を示し、基本的な書き方について理解できるようにします。

・「学校で」「自宅で」「外出先で」等、モデルにバリエーションをもたせることで、書くことについて選択の幅が広がるようにします。

②書くことの視点を共有する

・いつ　・どこで　・だれと

・したこと　・見たこと　・見つけたこと

・言ったこと　・聞いたこと　・思ったこと

③継続的に書き溜め、読み返す機会をもつ

・家庭学習も活用しながら、「一週間」「一カ月」等、一定期間継続して書く。その際は、日記帳を用いたり書いたものを綴じ合わせたりします。

・書き溜めた日記を読み返し、気が付いたことや感じたことを交流します。実態に応じて、友達と日記を読み合い感想を交流するのもよいでしょう。

【手紙】

●言語活動の特徴

手紙は、「送る相手」がいるということが大きな特徴です。また、手紙には「前文・主文・末文・後付け」などある程度の様式があります。

●手紙を書くことで身に付けたい資質・能力

送る相手がいることを意識しながら、自分が書いた文章を読み返し、間違いを正したり、語と語や文と文との続き方を確かめたりする力を身に付けることができます。

●指導のポイント

①手紙を出す相手を子供自身が決められるようにする

・手紙を書きたい相手について友達と意見を出し合って候補者を決めるとともに気持ちを高めるようにします。

・候補者の中から手紙を出す相手を決めます。

②モデルを参考にして、内容を決める

・モデルを読み、基本的な様式を理解します。

・手紙を書く相手が好きなことやその相手に伝えたいことについてメモに書き出し、書くことを決めます。

③下書きを読み返し、伝えたいことが伝わる文章になっているかを確かめる

・書いた文章を音読したり、友達と手紙を読み合ったりすることで、間違いを正したり、語と語や文と文の続き方を確かめたりします。

(6) 案内・お礼

■第3学年及び第4学年　書くこと　(2)言語活動

イ　行事の案内やお礼の文章を書くなど、伝えたいことを手紙に書く活動。

【案内】

●言語活動の特徴

案内の文章は、会合や行事を開催することを伝えたり、相手を招待したりするために送る際に必要となります。会合や行事を開催することを記述した上で、場所、日時、また必要に応じて、開催の意図を通知します。必要な情報を正確に記載することが重要です。

●案内を書くことで身に付けたい資質・能力

行事等の開催について案内するという目的や相手が明確な言語活動であるため、伝えたいことが相手に伝わる内容や書き方になっているか確かめ、必要に応じて間違いを正したり、文章を整えたりする力を身に付けることができます。

●指導のポイント

①案内する内容や相手を決める

・他教科等や行事と関連付けることで、案内の文章を書くことに必然性をもたせ、目的を明確にします。

②伝えることを整理する

・「いつ、どこで何をするのか」「行事の説明や、自分がすること」「ぜひ来てほしいという気持ち」など、書くべきことを整理します。

③書いた文章を読み返し、書き手に伝わる内容になっているか確かめる

・必要な情報についてのメモやチェックリストと文章を照らし合わせて、不足している内容がないか確かめます。

・友達と文章を読み合い、気になる点や分かりにくい点等について指摘し合います。

【お礼】

●言語活動の特徴

礼状は、感謝の気持ちを伝える手紙です。礼状の基本的な形式としては、「時候のあいさつ」「本文」「結びのあいさつ」「後付け」があります。言語活動に取り組む上で、特定の相手に対して「感謝している」「『感謝の気持ちを伝えたい』と思っている」ことが重要です。

●案内を書くことで身に付けたい資質・能力

書こうとすることの中心を明確にし、目的や必要に応じて理由や事例を挙げて書く力や敬体と常体との違いに注意しながら書く力を付けることができます。

●指導のポイント

①感謝の気持ちを伝える相手を決める

・子供の実態に応じて、「学級の全員が同じ相手に書く」「これまでの生活経験等から子供一人一人が選んだ相手に書く」などの展開が考えられます。

・子供一人一人が相手を選ぶ場合、これまでの学習や行事等で「お世話になった方」「してもらったこと」などを確認し、感謝するべき内容を思い描けるようにします。

②手紙の型や例文を確認し、学習の見通しをもつ

・手紙のモデルを確認し、手紙の型や例文を知ります。

・「GOODモデル」「BADモデル」を比べ、どんな内容を書くことで感謝の気持ちが伝わるかを考えます。

③感謝の気持ちが相手に伝わるような「理由」や「事例」を書く

・相手から「してもらったこと」「伝えてもらったこと」「そのときに考えたこと」「実際に行動したこと」等を書き出し、手紙に書いて伝えることで感謝の気持ちが伝わりそうな「理由」や「事例」を検討します。

感謝の気持ちが伝わるように理由や事例を活用しよう

(7) 詩・物語

■第3学年及び第4学年　書くこと　(2)言語活動例

ウ　詩や物語をつくるなど、感じたことや想像したことを書く活動。

【詩】

●言語活動の特徴

詩は、子供が普段から目にすることの多い文章の様式とは異なり、独特な改行形式や連による構成等が特徴です。感じたことや想像したことについて、様々な技法を活用しながら豊かに表現することができます。

●詩を書くことで身に付けたい資質・能力

自分自身が感じたことを読み手に伝えることを意識し、書き表し方を工夫する力を付けることができます。

そのためには、詩の書き表し方を工夫する過程で、「読み手に自分の感動したことが伝わるか」という視点で推敲する活動を設定することが重要です。

●指導のポイント

①詩のテーマを決め、イメージを広げる

・図解のように、ウェビングやイメージマップを活用し、一つのテーマから言葉を連想します

②詩のかたちを出現させる

・行に分ける　・連にまとめる
・並べる　・順番を入れ替える　・繰り返す

③技法を使う

・伝えたいことを強調する「反復（リフレイン）」、
・イメージが具体的になるだけでなくリズム感も生み出す「擬音語・擬態語（オノマトペ）」
・様子や動きについて読み手に強い印象を与える「比喩」

【物語】

●言語活動の特徴

子供は普段の生活の中で、様々な物語に触れています。絵本や小説、さらに映像作品等はその代表的なものと言えるでしょう。ここでは、物語を書くという創作活動を行います。想像力を働かせてイメージを広げることや、これまでの読書体験や生活体験を結び付けて、構成を考えることも大切です。

●物語を書くことで身に付けたい資質・能力

物語を「はじまり」「出来事（事件）が起こる」「出来

事（事件）が解決する」「むすび」といった組み立てに沿って書く力を付けることができます。

さらに、段落相互の関係を意識しながら物語を組み立てるなど、文章の構成を考える力の育成にもつながります。

●指導のポイント

①物語を生み出す

・絵などから想像を広げて物語をつくります。

・元にする作品を決め、その「続編」「外伝」をつくります。

②話の展開に起伏をつける

・〈はじまりー出来事（事件）が起こるー出来事が解決するーむすび〉という展開をプロット図で表します。

③作った物語を友だちと読み合い、交流する

・自分が作った物語と友達が作った物語を比べ、それぞれのよさを見つけます。

・（読み合う時間の設定によっては）友達の作品のよいところを参考にして、自分の物語を修正します。

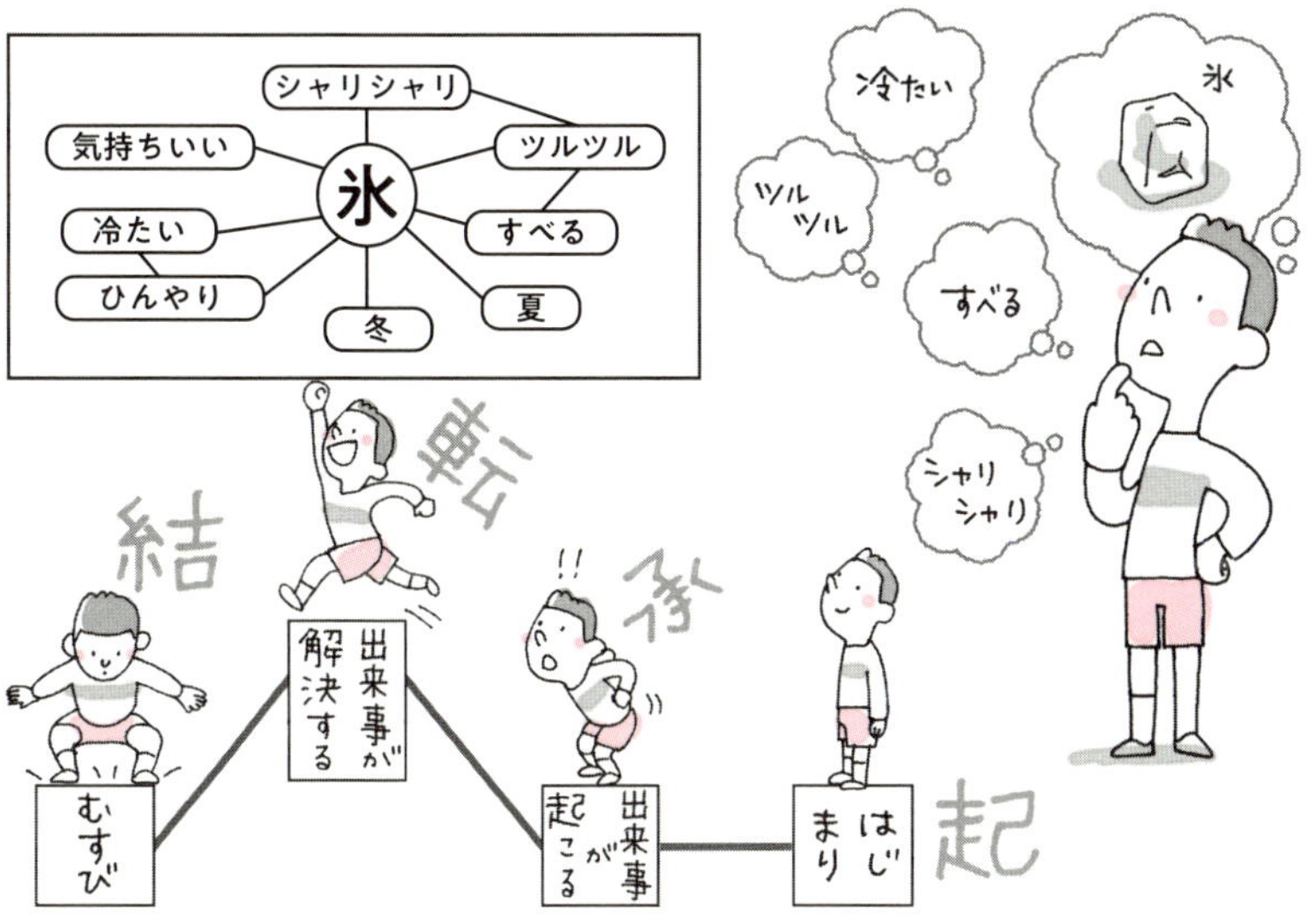

(8) 短歌・俳句

■第5学年及び第6学年 書くこと (2)言語活動例

イ 短歌や俳句をつくるなど、感じたことや想像したことを書く活動。

【短歌】

●言語活動の特徴

石崖に 子ども七人腰かけて
河豚を釣り居り 夕焼小焼 (北原 白秋)

短歌は全部で三十一音からなる詩の形式の一つです。音の並びは基本的に五七五七七となっているのも特徴です。感じたことや想像したことについて、限られた音数の中で工夫して表現することを楽しむことができます。

●短歌を書くことで身に付けたい資質・能力

三十一音という限られた音数による定型詩であるからこそ、句全体の構成や書き表し方に着目して、句を整えることが大切です。

●指導のポイント

①短歌づくりのポイントを確認する

・教科書に掲載されている作品を読み、どのような光景や思いが伝わってくるか話し合います。
・モデルとなる作品を選び、上の句と下の句を分けてバラバラに並べ、正しくつなげるクイズを行います。

②テーマを決める

・これまでの経験などを想起し、ノートに書き出します。
・本やインターネット検索等を活用して様々な短歌を知り、自分の経験と結び付けます。
・自分の生活の中からテーマを見つけることができる期間を確保し、気が付いたことをメモしたり、写真を撮ったりして情報を蓄積しておきます。

③表現を工夫する

・目の前の出来事や風景のみを書き表すのではなく、心の動き(感動・悲哀等)が分かるような表現を加えます。
・テーマに選んだ「もの」や「こと」について、あるがままに書き表すだけでなく、比喩を使って自分の感じたことや想像したことが読み手に伝わるようにします。

【俳句】

●言語活動の特徴

のどかさや　岩にしみ入る　せみの声　（松尾 芭蕉）

　このように、俳句は全部で十七音からなる詩の形式の一つです。音の並びは基本的に五―七―五となっているのも特徴です。俳句には、季語と呼ばれる季節を表す言葉が使われます。十七音という短い中に豊かで厳選された言葉による表現がされていることが特徴です。

●俳句を書くことで身に付けたい資質・能力

　作品を作る過程や完成させた段階で友達と作品を読み合う場面を設定して感想を交流し、相手の作品の構成や表現の工夫等について伝え合うことが重要です。

●指導のポイント

①俳句の特徴をつかみ、作成するポイントを確認する

・短歌の指導と同様に、教科書に掲載されている作品を読み、伝わってくる光景や思いを話し合います。

・提示されたり自分で調べたりした俳句の中からお気に入りを見つけ、お気に入りとした理由を紹介します。

②季節を意識してテーマを決める

・季節を感じられる場所でテーマ選びをします。

・有名な俳人の句を集めたり、分類したりすることで書きたいテーマを見つけます。

・季語集として有名な歳時記を参考にします。

③表現を工夫する

・「や」「かな」「けり」などの切れ字を使います。

・擬音語や擬態語を使います。一つのテーマや題材に対して、複数の擬音語や擬態語を想定し、自分の感じたことなどにあった言葉を選びます。

（例）花火を表す擬態語や擬音語

「ドーン」「バン」「パチパチ」「ヒュルルル」「ズドン」

「キラキラ」「チカチカ」「フワッ」など

⑼ 随筆風

■第5学年及び第6学年　書くこと　⑵言語活動例

ウ　事実や経験を基に、感じたり考えたりしたことや自分にとっての意味について文章に書く活動。

●言語活動の特徴

【随筆風の文章】

随筆風の文章は、身近に起こったことや見たこと・聞いたこと、経験したことなどを描写しながら、感想や自分にとっての意味などをまとめて書いたものです。随筆を書くという言語活動については、中学校第一学年で扱いますが、今回の随筆風の文章については、そこにつながるものとなります。

●随筆風の文章を書くことで身に付けたい資質・能力

自分がある題材について、感じたり考えたりしたことが読み手に伝わるように、事実と感想を区別して書くなど、よりよく伝わるように書き表し方を工夫する力を付けることができます。

そのためには、喜怒哀楽といった感情が動かされた題材を選ぶとともに、その題材に対して独自の見方を文章で書き表すことが重要です。

●指導のポイント

①モデルとなる文章を読み、随筆風の文章についてよりよいイメージをもつ

・エッセイ集などから、実態に合った文章を紹介します。
・コンクール等で受賞した、同世代の児童生徒が書いた文章を紹介します。
・学級の子供たちが興味をもちそうな題材を選び、教師が作成したモデル文を紹介します。

②題材を決めるための視点を提示する

・自分自身の体験から
「はずかしかった思い出」「緊張した一瞬」「感動した出来事」
・最近の話題から
「最近クラスで話題になっていること」「テレビやSNSで流行していること」「地域で人気のあのお店」
・お気に入りの人、物、こと
「手放すことができない文房具」「小さいころから一緒に成長してきたペット」

③読み手を惹きつけるために、構成や書き表し方を工夫する

・文章の冒頭で、読み手に「面白そうだな」と思ってもらえるような印象的なエピソードを紹介します。
・選んだ題材やそれに関わるエピソードについて、細部にこだわった表現をすることで読み手が具体的に想像できるようにします。
・「事実」と「意見や考え」をバランスよく文章に組み込み、読み手の納得や共感につなげます。
・読み手に対する「問いかけ」を文章の「はじめ」や「終わり」に入れることにより、読み手もその題材に対する考えがもてるようにします。

随筆風の文章を書くための視点

日記と随筆の違いとは

	日記	随筆
目的	個人の日々の出来事や感情の記録	作者の意見や思索を読者に伝えること
形式	日付順・時系列に記述されることが多い	主題やテーマに沿ってまとめられることが多い
内容	個人的で感情的な出来事や思考を中心に書かれる	物事の分析、評価等、独自の視点からの考察が多い
読者	一般的に公開することは少なく、本人のみが読むことが多い	多くの読者が対象であり、他者と共有することを意識して書かれることが多い
文章スタイル	手記の形式が一般的であり、日々の記録を重視している	散文的なスタイルで、文学的な表現が多く用いられる

3. 読むこと

(1) 説明的な文章―指導事項―

学習指導要領における「読むこと」の指導事項の内容の(1)は、学習過程に沿って、次のように構成されています。

■構成と内容の把握
■精査・解釈
■考えの形成
■共有

この4つの指導事項のうち、説明的な文章についての指導事項は、「構造と内容の把握」ア、「精査・解釈」のウ、「考えの形成」「共有」（文学的な文章と共通）です。

●構造と内容の把握

〈第1学年及び第2学年〉

ア　時間的な順序や事柄の順序などを考えながら、内容の大体を捉えること。

〈第3学年及び第4学年〉

ア　段落相互の関係に着目しながら、考えとそれを支える理由や事例との関係などについて、叙述を基に捉えること。

〈第5学年及び第6学年〉

ア　事実と感想、意見などとの関係を叙述を基に押さえ、文章全体の構成を捉えて要旨を把握すること。

第1学年及び第2学年では、説明の順序を押さえ、書かれていることを大づかみに把握していきます。

第3学年及び第4学年では、段落相互の関係に着目しながら、書き手の考えを支えている理由や具体化された事例などを叙述を基に正確に捉えていきます。

第5学年及び第6学年では、文章全体の構成を捉え、事実と感想、意見などとの関係を押さえ、要旨を把握します。

●精査・解釈

〈第1学年及び第2学年〉

ウ　文章の中の重要な語や文を考えて選び出すこと。

〈第3学年及び第4学年〉

ウ　目的を意識して、中心となる語や文を見付けて要約すること。

〈第5学年及び第6学年〉

ウ　目的に応じて、文章と図表などを結び付けるなどして必要な情報を見付けたり、論の進め方について考えたりすること。

第1学年及び第2学年では、内容を正確に捉えるために重要な語や文を考え、文章の中から見付けていきます。

第3学年及び第4学年では、文章全体の内容を正確に把握し、目的に応じて内容の中心となる語や文を選び、分量を考えて要約していきます。

第5学年及び第6学年では、読む目的を明確にして、目的に応じた必要な情報を見つけたり、書き手がどのような論で説得力を高めようとしているのかを考えたりします。

●考えの形成

〈第1学年及び第2学年〉

オ　文章の内容と自分の体験とを結び付けて、感想をもつこと。

〈第3学年及び第4学年〉

オ　文章を読んで理解したことに基づいて、感想や考えをもつこと。

〈第5学年及び第6学年〉

オ　文章を読んで理解したことに基づいて、自分の考えをまとめること。

第1学年及び第2学年では、文章の内容を自分の知識や実際の経験と結び付けて解釈することで、内容理解を深めたり、さらに興味・関心を高めたりします。

第3学年及び第4学年では、文章を読んで理解したことについて、自分の体験や既習の内容と結び付けて自分の考えを形成していきます。

第5学年及び第6学年では、感想や考えをもつことに加えて、それらをまとめることに重点を置きます。

●共有

〈第1学年及び第2学年〉

カ　文章を読んで感じたことや分かったことを共有すること。

〈第3学年及び第4学年〉

カ　文章を読んで感じたことや考えたことを共有し、一人一人の感じ方などに違いがあることに気付くこと。

〈第5学年及び第6学年〉

カ　文章を読んでまとめた意見や感想を共有し、自分の考えを広げること。

第1学年及び第2学年では、文章を読んで「おもしろいな」と感じたり、「なるほどな」と気付いたりしたことなど、互いの思いを分かち合ったり、認め合ったりします。

第3学年及び第4学年では、感想をもったり考えたりしたことに違いがあることやよさに気付きます。

第5学年及び第6学年では、自他の意見や感想について違いを明らかにしたり、よさを認め合ったりします。

＜低学年＞　「構造と内容の把握」ア時間的な秩序や事柄の順序

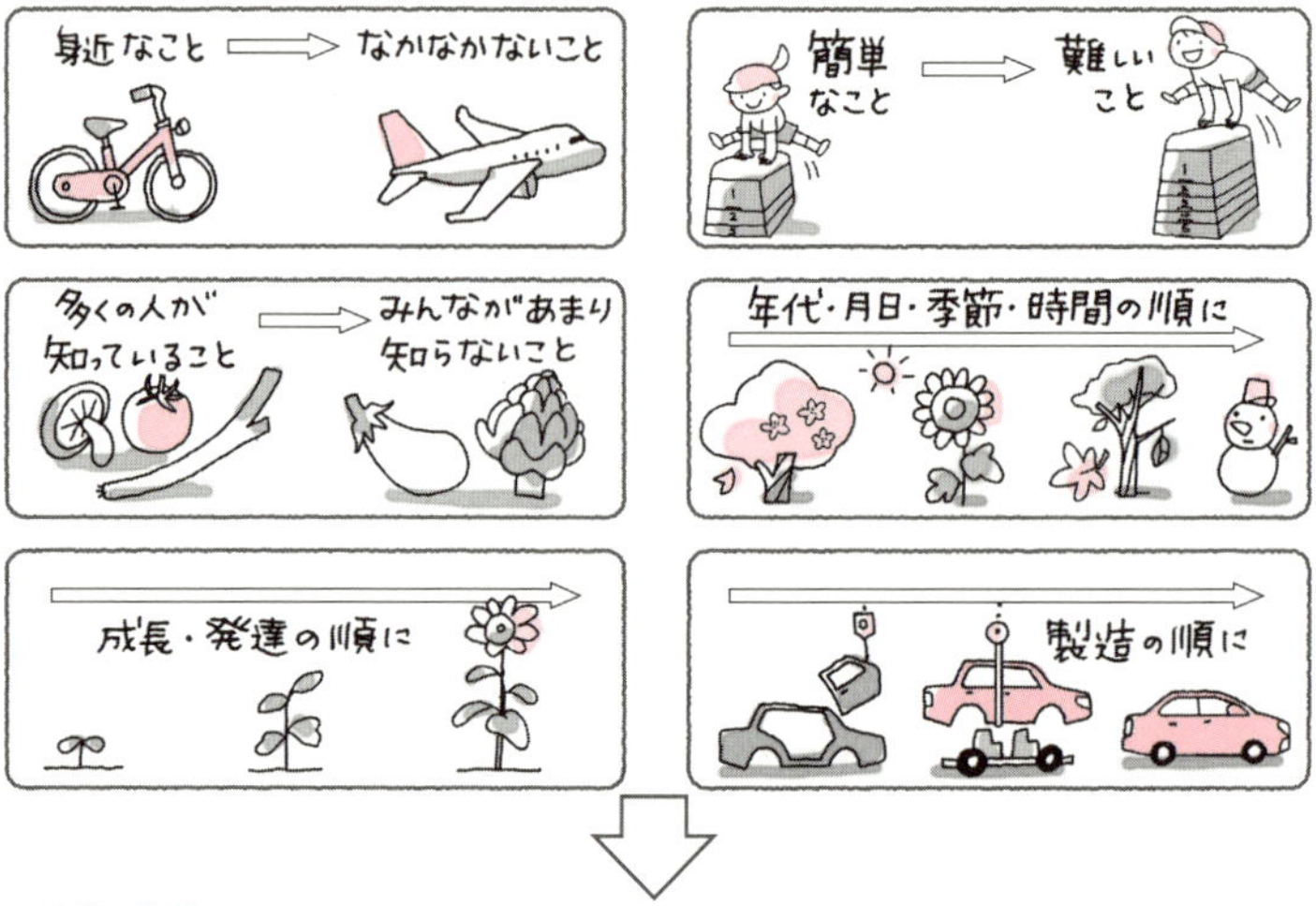

＜内容の大体＞

- 何について書いてある文章かな。（題名、挿絵、写真など）
- 「はじめ」「なか」「おわり」には　何が書いてあるかな。（構成）
- どんなことが　どんな順序で書いてあるかな。（例示）

- たんぽぽのちえについて書いてある文章だね。
- たんぽぽが種をちらして　新しい仲間を増やす工夫が書いてある。
- 「花が咲く→花がしぼんで地面にたおれる→・・・」と成長の順がに書いてある。

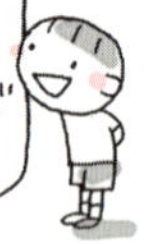

「考えの形成」オ自分の体験と結び付けて感想をもつ。

はじめて知った

- たんぽぽのわた毛はよく目立つけど、自分から高くしているなんてびっくりだ。

見かけたことがある

- たんぽぽの花が公園にたくさん咲いていたよ。こうやって仲間を増やしているんだね。

失敗してしまった

したことがある

読んだことがある

使ったことがある

＜中学年＞

「構造と内容の把握」ア段落相互の関係

はじめ	中	終わり
問題把握「～は、～だろうか。」	「はじめに」例1 → 例2 → 例3 → 「これらのことから」問いの答え → 自分の考え	「このように」まとめ

○筆者は「～だろうか」と問いかけ、例を示して自分の考えを述べているね。

「精査・解釈」ウ要約する

[目的]

ありの実験の仕方について伝えるのが目的だから、「中」をしっかり要約するぞ。

ありの行列ができるわけを伝える目的だから、「はじめ」「終わり」を要約するといいね。

[字数]

200字で要約するから、中心となる話とそれにかかわる文章をたくさん使えるな。

50字で要約するから、中心となる大事な話を吟味しよう。

＜高学年＞

「構造と内容の把握」ア要旨を把握する手順

1. 構成を捉える（全体）
2. どんな問題、話題を提起しているのか。（はじめ）
3. 説明の進め方を捉える。（中）
   - ○例示（事実）から　自分の考え。
   - ○筆者の考えが表れているところ。
4. 要旨を捉える

「精査・解釈」ウ文章と図表などを結び付ける

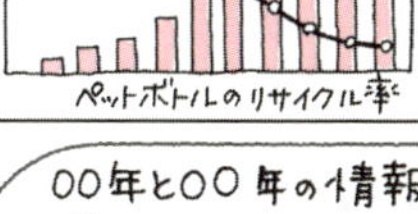

ペットボトルのリサイクル率

このグラフを見ると、ペットボトルのリサイクル率は、00年と比べて約2倍に増えている。……。それらの理由は、2つあります。まず……。

00年と00年の情報を比べているな。それはリサイクル率の増加を伝えたいからだな。図について分析、考察してから理由説明をしているな。

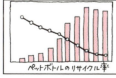

(2) 説明的な文章―言語活動例―

小学校習指導要領国語における「読むこと」の(2)言語活動例のアは説明的な文章に関わる内容です。

〈第1学年及び第2学年〉

ア 事物の仕組みを説明した文章などを読み、分かったことや考えたことを述べる活動。

〈第3学年及び第4学年〉

ア 記録や報告などの文章を読み、文章の一部を引用して、分かったことや考えたことを説明したり、意見を述べたりする活動。

〈第5学年及び第6学年〉

ア 説明や解説などの文章を比較するなどして読み、分かったことや考えたことを、話し合ったり文章にまとめたりする活動。

第1学年及び第2学年では、物事の働きや様子、科学的なことを説明した文章などを取り上げます。分かったことや考えたことを述べるとは、例えば、読んで理解した内容を友達に話したり、読んで考えた感想を文章に書いたりすることです。文章を読んで分かったことや考えたことを表現することは、子供にとって、自分は何が分かり何を考えたのかを整理する機会にもなります。

【言語活動の具体例】

・興味をもった動植物等について、分かったことや考えたことについて、友達と伝え合う。
・生き物等について図鑑等で調べ、分かったことを友達と伝え合う。
・自動車や船など事物の仕組みを説明した文章を読み、友達と分かったことを伝え合う。
・植物等について書かれている文章を読み、感想を書く。
・看板、標識、ちらし等が何を表しているのかを読み取り、友達と意見を交流する。
・働く人等について説明してある文章を読み、自分の知識や体験と比べ、発見したことや驚いたことについて友達と伝え合う。
・糸電話などのおもちゃの作り方等について書かれた文章を読み、筆者の説明の工夫について考え、友達と意見を交換する。

第3学年及び第4学年では、記録や報告の文書のほか、対象について観察したことや調べたことを説明した文章、事物を解説した文章などを取り上げます。文章の一部を引用してとは、自分の考えを支える理由や事例である本文の一部を引用することで、相手に分かるように自分の考えを説明したり意見を述べたりすることです。

【言語活動の具体例】

・説明する文章をまとまりを捉えて読み、感想を交流する。
・ポスターを読み比べて、考えたことを伝え合う。
・生き物等に関する文章を多読し、考えたことを伝え合う。
・情報の発信等に関する文章を読み、筆者の考えに対してもった考えを友達と交流する。
・パンフレットを読んで、作られた目的や相手に応じてどんな工夫がなされているのかを話し合う。
・興味をもったところを中心に要約し、紹介する文章を書く。

第5学年及び第6学年では、説明や解説の文章のほか、意見、提案、報道などの文章を取り上げます。

これらの文章を比較しながら読むことにより、共通点や相違点が明確になり、それぞれの文章をよく理解することにつながります。日常生活において考えをまとめる際に、単一の情報のみに基づくのではなく、複数の情報を比較や分類をしたり、関連付けたりして検討することが必要です。

【言語活動の具体例】

・筆者の考えや例示の示し方から自分の考えをまとめ、友達と伝え合う。
・事例と筆者の意見のつながりを捉え、筆者の表現に着目しながら題材と自分との関わりについて考える。
・筆者がどんな事例を挙げて自分の考えを主張しているのかを捉え、物事を科学的に考えるよさについて話し合う。
・ニュースサイトと新聞を比較して読み、相違点を捉え、情報の正しい読み取り方について考える。
・複数の文章を読み、自分の知識や経験と比べて気付いたことや考えたことを書く。

＜低学年＞

科学的なことを説明した文章（科学読み物など）を読む活動

科学読み物とは、主に科学に関する内容を扱った子供向けの書籍。

生き物、宇宙、乗り物、恐竜、科学実験などがあります。

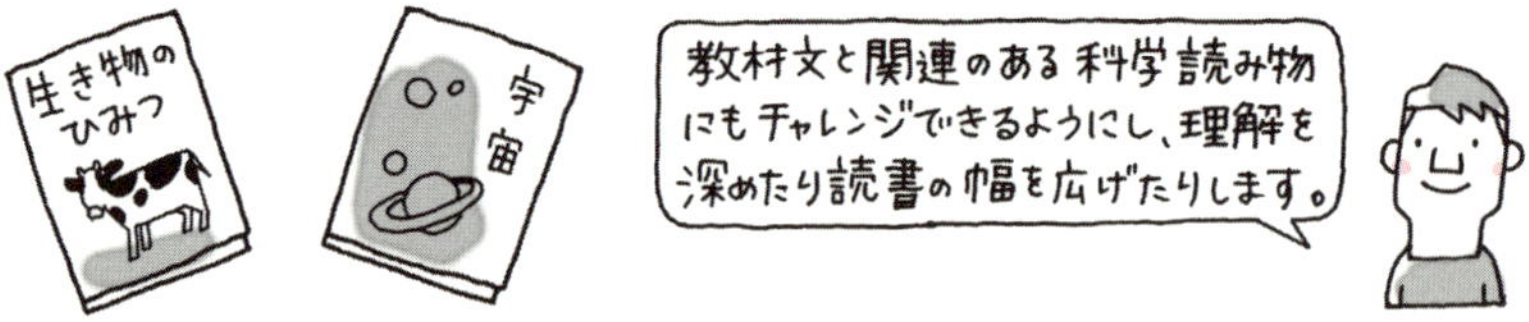

分かったことや考えたことを述べる活動

［教材文］　［科学読み物］

＜中学年＞

文章の一部を引用して説明する活動

目的

- 自分の考えに説得力をもたせる。
- おおまかな内容を伝える。

何を引用

- 教材文等の文章、言葉
- 話した言葉、聞いたこと
- 絵や写真、図表グラフ

形式

- そのまま直接引用する。
- まとめて短く書いたり、別の言葉におきかえて引用する。

きまり

- 自分の考えのように書かない。
- そのまま引用する場合は「」を使う。
- 引用した本の書名、出版社、出版年、著者名などを明記する。

引用の仕方の例

- ○○には「　」と書いてある。
- ○○は「　」と言っている。
- ○○は「　」と言われている。
- ○○は 〜 と言っていた。
- ○○から〜という話を聞いた。

＜中学年＞　説明や報告などの文章を読み、意見を述べる活動

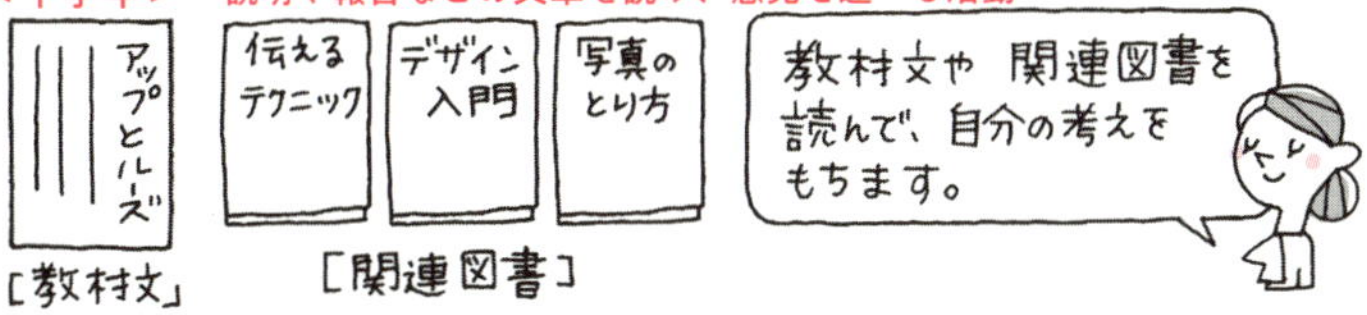
アップとルーズ
［教材文］
伝えるテクニック
デザイン入門
写真のとり方
［関連図書］
教材文や関連図書を読んで、自分の考えをもちます。

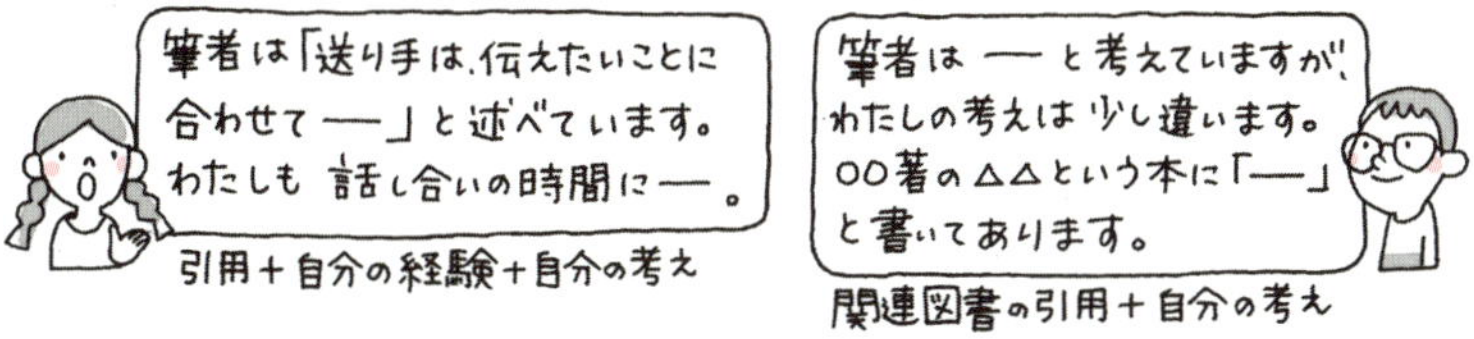
筆者は「送り手は、伝えたいことに合わせて――」と述べています。わたしも話し合いの時間に――。
引用＋自分の経験＋自分の考え
筆者は――と考えていますが、わたしの考えは少し違います。〇〇著の△△という本に「――」と書いてあります。
関連図書の引用＋自分の考え

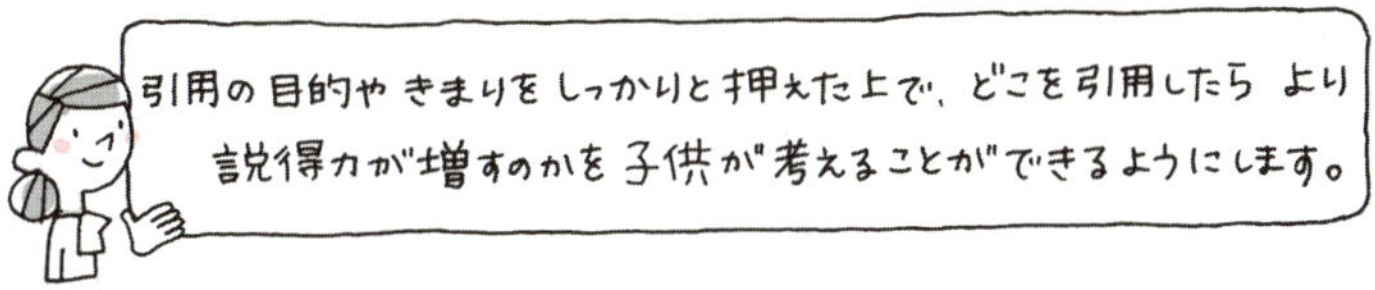
引用の目的やきまりをしっかりと押えた上で、どこを引用したらより説得力が増すのかを子供が考えることができるようにします。

＜高学年＞　説明や解説などの文章を比較するなどして読む活動

A新聞
B新聞
Webニュース

物事の捉え方の違いや書きぶりの特徴を捉える。

環境を守る
地球が危ない

もっと深く知りたいことや深く筆者の考えを捉える。

☆同じ筆者の本等の比較

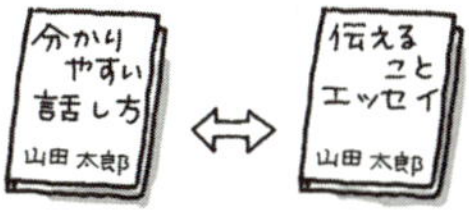
分かりやすい話し方
山田太郎
伝えることエッセイ
山田太郎

筆者の考えを深く捉える。

☆シリーズの比較

環境シリーズ
エネルギー
環境シリーズ
海

本の特徴を捉えたり、
共通点や相違点を捉えたりする。

☆異なったもので比較

伝統工芸の本
伝統工芸図鑑
百科事典
伝統工芸パンフレット

情報の仕入れ方の違いを捉える。

(3) 文学的な文章―指導事項―

学習指導要領における「読むこと」の指導事項のうち、文学的な文章についての指導事項は、「構造と内容の把握」のイ、「精査・解釈」のエ、「考えの形成」「共有」（説明的な文章と共通）になります。

●構造と内容の把握

〈第1学年及び第2学年〉

イ　場面の様子や登場人物の行動など、内容の大体を捉えること。

〈第3学年及び第4学年〉

イ　登場人物の行動や気持ちなどについて、叙述を基に捉えること。

〈第5学年及び第6学年〉

イ　登場人物の相互関係や心情などについて、描写を基に捉えること。

第1学年及び第2学年では、場面の様子や登場人物の行動、会話、題名、挿絵などを手掛かりに、内容の大体を捉えます。

第3学年及び第4学年では、行動や会話、地の文などの複数の叙述を関連付けて物語全体の登場人物の行動や気持ちを捉えます。

第5学年及び第6学年では、登場人物の相互関係や心情について、行動、情景など描写に着目して捉えます。

●精査・解釈

〈第1学年及び第2学年〉

エ　場面の様子に着目して、登場人物の行動を具体的に想像すること。

〈第3学年及び第4学年〉

エ　登場人物の気持ちの変化や性格、情景について、場面の移り変わりと結び付けて具体的に想像すること。

〈第5学年及び第6学年〉

エ　人物像や物語などの全体像を具体的に想像したり、表現の効果を考えたりすること。

第1学年及び第2学年については、イを受けて、場面の様子などの叙述を基に、登場人物が何をしたのか、その理由は何なのかを想像していきます。

第3学年及び第4学年では、登場人物の気持ちがどのように変化しているのかを行動や会話など複数の叙述を結び付けて場面を比べながら読んでいきます。

第5学年及び第6学年では、人物像について、登場人物の行動や会話、様子などを表す叙述を複数結び付け、それらを基に人物の性格や考え方などを総合して判断します。また、どのように描かれているかについて考え、表現が読み手に与える効果について自分の考えを明らかにしていきます。

●考えの形成

〈第1学年及び第2学年〉

オ　文章の内容と自分の体験とを結び付けて、感想をもつこと。

〈第3学年及び第4学年〉

オ　文章を読んで理解したことに基づいて、感想や考えをもつこと。

〈第5学年及び第6学年〉

オ　文章を読んで理解したことに基づいて、自分の考えをまとめること。

第1学年及び第2学年では、文章の内容を自分の知識や実際の経験と結び付けて解釈し、想像を広げたり理解を深めたりします。その上で、文章の内容に対して、子供一人一人が感想をもちます。

第3学年及び第4学年では、文章の内容だけでなく、これまでの学習で身に付けたことを基に、自分の考えを形成していきます。

第5学年及び第6学年では、感想や考えをもつことに加えて、それらをまとめることに重点を置きます。

●共有

〈第1学年及び第2学年〉

カ　文章を読んで、感じたことや分かったことを共有すること。

〈第3学年及び第4学年〉

カ　文章を読んで感じたことや考えたことを共有し、一人一人の感じ方などに違いがあることに気付くこと。

〈第5学年及び第6学年〉

カ　文章を読んでまとめた意見や感想を共有し、自分の考えを広げること。

第1学年及び第2学年では、文章を読んで「おもしろいな」と感じたり、「なるほどな」と気付いたりしたことなど、互いの思いを分かち合ったり、認め合ったりします。

第3学年及び第4学年では、学習を通して感想をもったり考えたりしたことに違いがあることやよさに気付きます。

第5学年及び第6学年では、これまでの学習を通してもった意見や感想について違いを明らかにしたり、よさを認め合ったりします。

2年「スイミー」を例に

〈低学年〉指導事項イ

〈場面の様子〉
広い海に一ぴきだけ
にじ色のゼリーのようなくらげ

〈登場人物の行動〉
スイミーは考えた。いろいろ考えた。うんと考えた

〈会話〉
・そうだ。みんないっしょにおよぐんだ。海でいちばん大きな魚のふりをして。

〈題名〉
スイミー
・登場人物の名前

〈挿絵〉
大きな魚になった挿絵

スイミーが、小さい魚たちと力を合わせて大きな魚のふりをして、大きな魚を追い出す話だね。

〈低学年〉指導事項エ

〈これまでの学習から〉
スイミーはおよいだ、くらい海のそこを。こわかった。さびしかった。とてもかなしかった。

〈場面の様子〉
・にじ色のゼリーのようなくらげ。
・水中ブルドーザーみたいないせえび。

〈想像する〉
・例えの表現に着目
・動作化、絵にする
・音読する　など

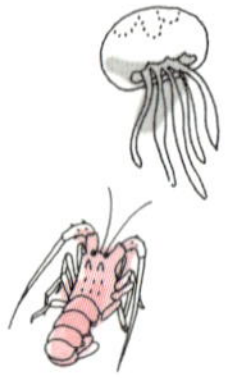

スイミーは、仲間が食べられて悲しかったけど、海のきれいで不思議なたくさんの生き物を見て、元気がでたんだね。

〈低学年〉指導事項オカ

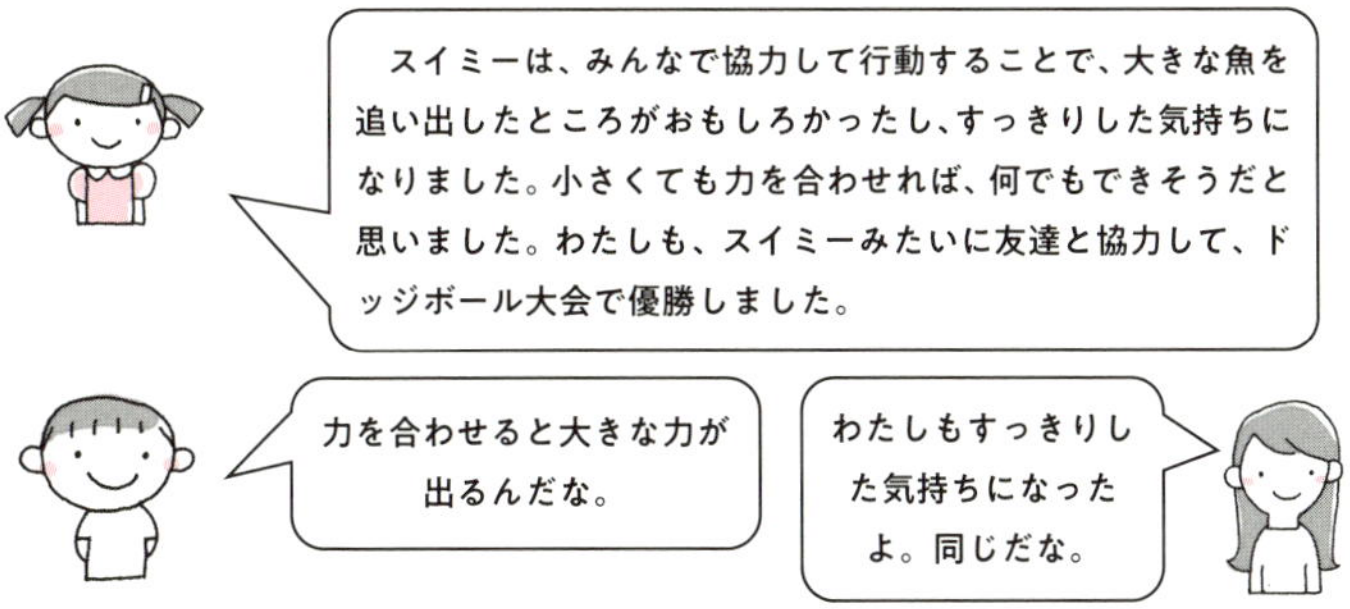

スイミーは、みんなで協力して行動することで、大きな魚を追い出したところがおもしろかったし、すっきりした気持ちになりました。小さくても力を合わせれば、何でもできそうだと思いました。わたしも、スイミーみたいに友達と協力して、ドッジボール大会で優勝しました。
力を合わせると大きな力が出るんだな。
わたしもすっきりした気持ちになったよ。同じだな。

読むことの構造（指導事項・学習過程）

Ⅰ「構造と内容の把握」とは，叙述を基に，**文章の構成や展開**を捉えたり，**内容**を理解したりすることである。

Ⅱ「精査・解釈」とは，文章の**内容や形式に着目して**読み，**目的に応じて必要な情報**を見付けることや，書かれていること，あるいは**書かれていないことについて，具体的に想像する**ことなどである。

Ⅲ「考えの形成」とは，文章の構造と内容を捉え，精査・解釈することを通して理解したことに基づいて，**自分の既有の知識や様々な体験と結び付けて感想をもったり考えをまとめたりしていく**ことである。

Ⅳ「共有」とは，文章を読んで形成してきた自分の考えを表現し，**互いの考えを認め合ったり，比較して違いに気付いたりする**ことを通して，**自分の考えを広げていく**ことである。

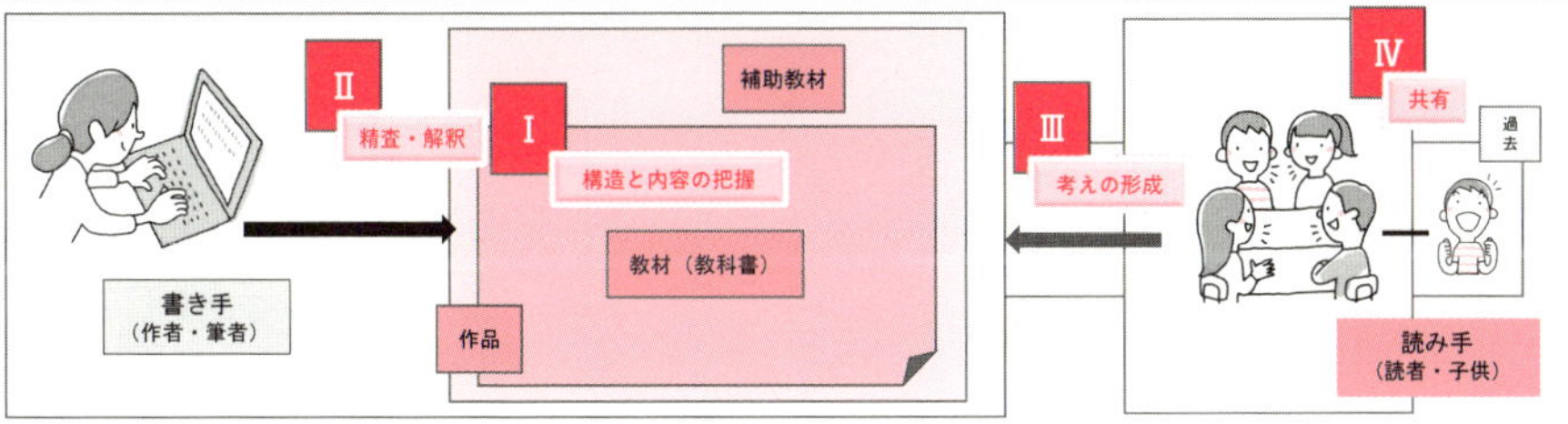

Ⅱ
精査・解釈
Ⅰ
構造と内容の把握
補助教材
教材（教科書）
作品
書き手
（作者・筆者）
Ⅲ
考えの形成
Ⅳ
共有
過去
読み手
（読者・子供）

４年「一つの花」を例に

〈中学年〉指導事項イ

〈時代背景〉
・戦争時代で食べ物がなくまずしい
・父が戦争へ行く
〈題名〉一つの花
・コスモスのイメージ
・どんな意味があるのか

〈行動〉
・父はゆみ子をめちゃくちゃに高い高い
・父は一つだけのコスモスの花をゆみ子にあげて、何も言わずに・・・。

関連付ける

〈会話〉
・一つだけちょうだい
・この子は、一生、みんなちょうだい・・・。

〈地の文〉
・おまんじゅうだの、きゃらめるだの・・・。
・プラットホームのはしっぽの・・・。

戦争が終わり、悲しみを乗り越え、平和な中で家族の強い絆を描いた作品だな。

〈中学年〉指導事項エ

〈場面の様子（地の文）〉
・ミシンの音
・ゆみ子が小さなお母さん
・コスモスの花でいっぱい

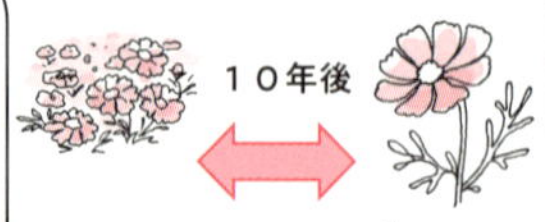

１０年後

〈情景〉
・プラットホームのはしっぽのごみすて場のような・・・・

比較、関連付け

〈会話〉
・一つだけのお花、大事にするんだよー。

〈父母の思いを具体的に想像〉

父は、ゆみ子にたくましく育ってほしいという願いを込めて、ゴミ捨て場のような恵まれていない場所に咲いているコスモスをあげた。１０年後、ミシンの音やゆみ子が小さなお母さんになっていることで、平和な様子やゆみ子の成長が分かる。コスモスの花が増えているといくことは、たくましく育ってほしいという父母の願いがかなったのではないかと思う。「一つの花」が題名になっているのは、・・・・。

〈中学年〉指導事項オカ

お父さんの願いがこもった一つの花をゆみ子は受け取り、母はその思いを胸にゆみ子を育てた。それがコスモスのトンネルとなって表れている。わたしは、一つの花、一輪のコスモスの花が、家族みんなの気持ちを一つにし、家族の絆を深める役目があったのだと思う。

わたしは、一つの花は平和な世界を表すと思ったけど、家族の絆という考えも分かるな。

家族の絆と考えたAさんの読み方はとてもいいな。納得できた。

読むことの単元を創る

意味ある問い

単元（一単位）の入口では、既習を想起し、
■教材（本や文章）■言語活動の特徴を整理する。

併せて、今回取り上げる教材に対する各自の
①初発の感想（思い）②疑問（問い）③行いたい言語活動（願い）
を関連付けて、単元の課題と設定する。
同時に教師は、■身に付けたい力の意識付けを図る。

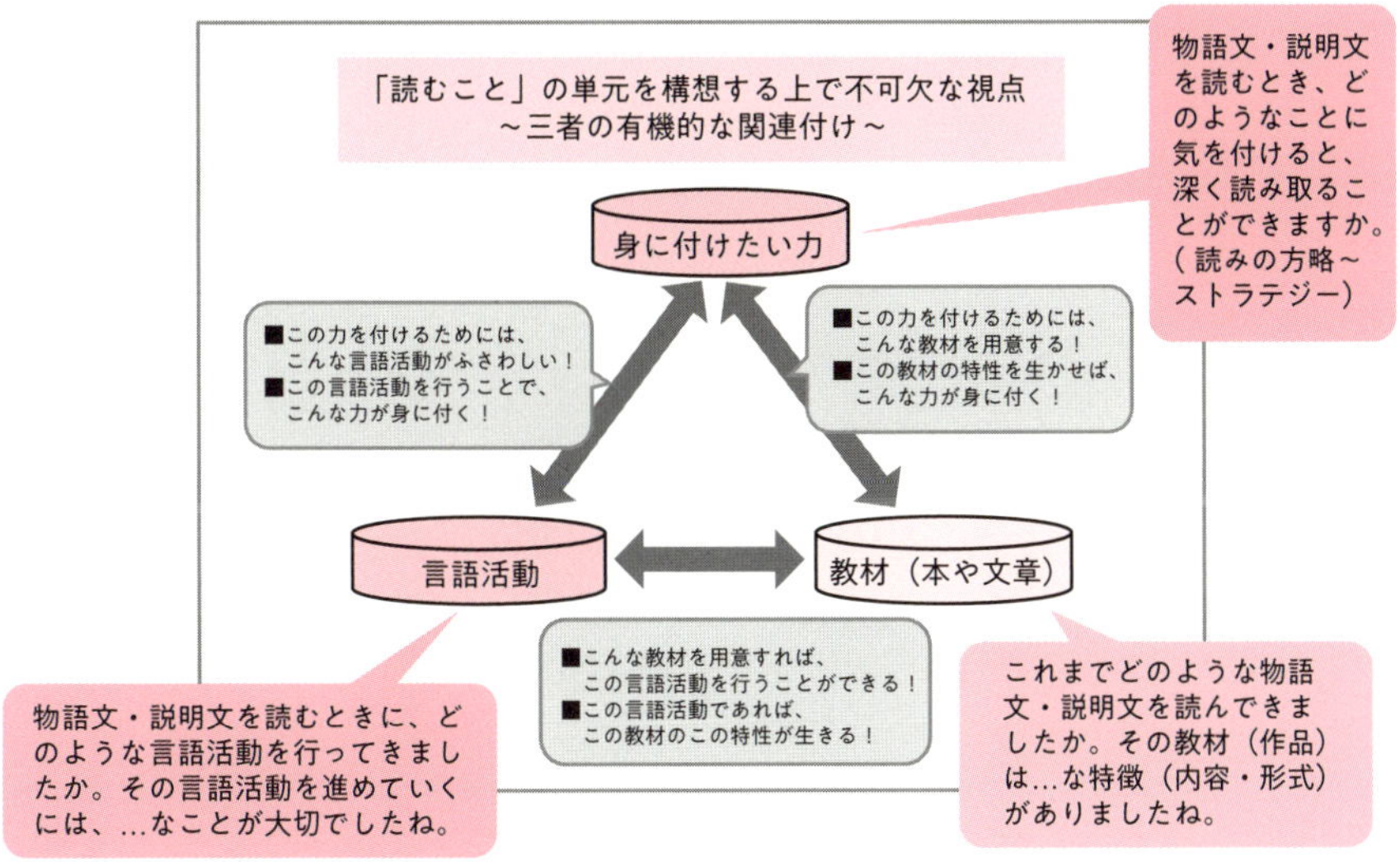

6年「海の命」を例に

〈高学年〉指導事項イ

〈物語の背景〉

・父もその父も、その先ずっと顔も知らない父親たちが住んでいた海

〈題名〉

・「海の命」は何を意味するのか。物語のテーマ。

〈人物の相互関係〉

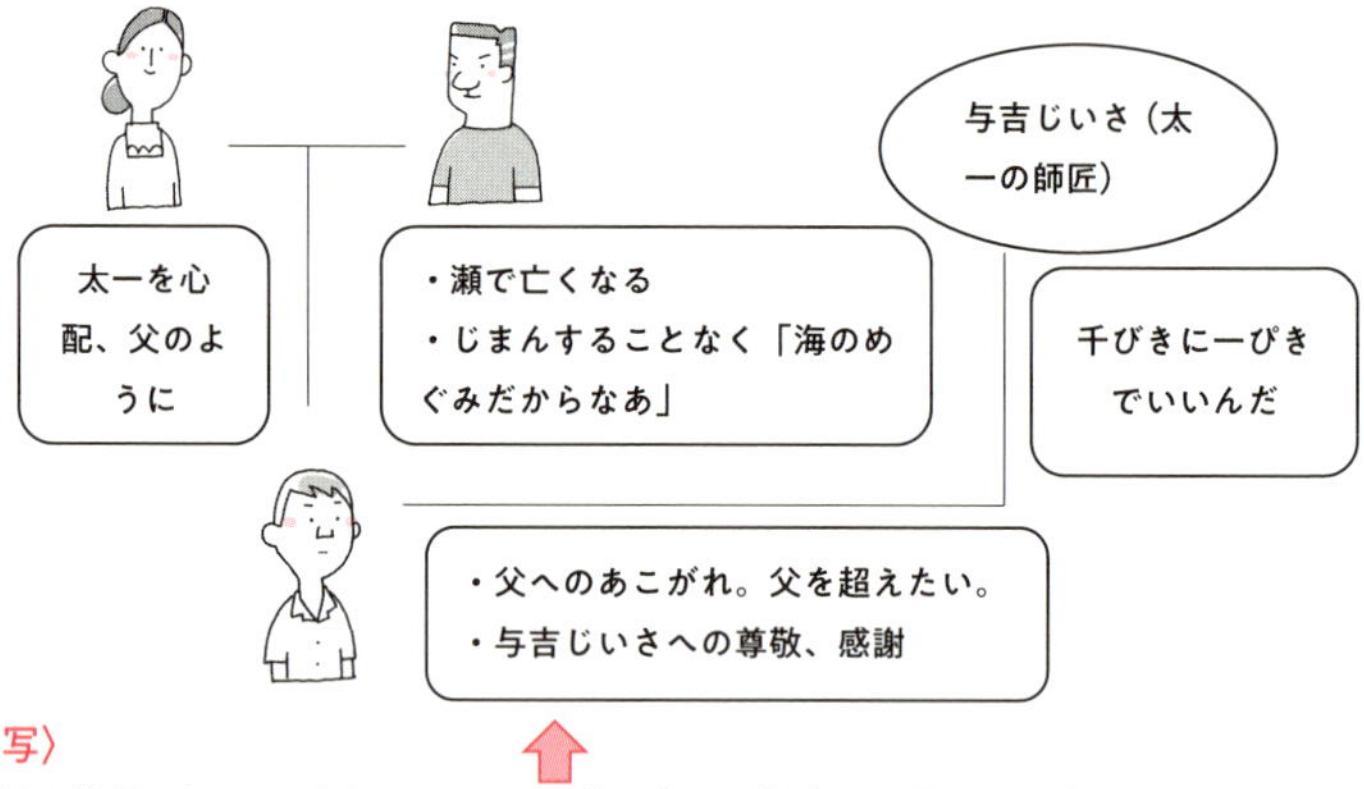

〈描写〉

・「ぼくは漁師になる。おとうといっしょに海に出るんだ。」こう言ってはばからなかった。

・「海に帰りましたか。与吉じいさ。」

〈高学年〉指導事項エ

〈太一の心情〉
海の命だと思えた。

〈会話〉（心情の変化）
「おとう、ここにおられたのですか。」（擬人化）

〈太一の心情〉
この魚をとって、父を超えたい。

総合して考える

神々しい雰囲気

〈人物の影響〉
・海に帰った父、与吉じいさ、先祖たち。
・「海のめぐみ」という考え方

〈クエの描写〉
・ひとみは黒いしんじゅ
・刃物のような歯
・岩そのものが魚のよう

〈物語の全体像を具体的に想像〉
太一は、クエの神々しい姿に父の姿を見る。「海のめぐみ」という考え方を教えてくれた父や与吉じいさ、先祖たち。この海の命というのは、海の生き物全ての象徴ではないかと思う。そう思うことでクエをとらなかった太一は、漁師として人間として成長したのだと思う。

〈高学年〉指導事項オカ

わたしは、海の命のテーマは、「めぐる命」だと思う。父や与吉じいさ、その先祖たちは海で生き、海の恵みに感謝し、海に帰っていった。太一も同じように生きて、海へと帰っていくだろう。このように、海の命はどんどんと循環して、新しい命が生まれていくのだろうと思う。

命にもいろいろな命があるのだね。わたしは、海の命が「つながっていく命」だと考えたよ。

山の命も、食物連鎖でつながっている命で、つながるという点では似てるね。

3. 読むこと

(4) 文学的な文章―言語活動例―

小学校学習指導要領国語における「読むこと」の言語活動例のイは、文学的な文章に関わる内容です。

〈第1学年及び第2学年〉

イ　読み聞かせを聞いたり物語を読んだりして、内容や感想などを伝え合ったり、演じたりする活動。

〈第3学年及び第4学年〉

イ　詩や物語などを読み、内容を説明したり、考えたことなどを伝え合ったりする活動。

〈第5学年及び第6学年〉

イ　詩や物語、伝記などを読み、内容を説明したり、自分の生き方などについて考えたことを伝え合ったりする活動。

第1学年及び第2学年では、物語や絵本を取り上げます。内容や感想を伝え合うとは、例えば、物語の粗筋や登場人物の行動などを文章にまとめたり感想を述べたりすることとです。

【言語活動の具体例】

- 好きな場面を絵にして発表する。
- 紙芝居を作って発表する。
- 役割を決めて音読したり、音読劇をしたりする。
- 好きなところを見つけて、そのわけを友達と話し合う。
- 登場人物に手紙を書いて、友達と読み合う。
- この物語で一番心を動かされた場面について感想を交流する。

この言語活動は、例えば、〔知識及び技能〕の(3)「ア　昔話や神話・伝承などの読み聞かせを聞くなどして、我が国の伝統的な言語文化に親しむこと。」と関連を図ることが考えられます。具体的には、「三枚のお札」（昔話）や「因幡の白兎」（神話）を読んで、おもしろかったところを交流するなどの活動が考えられます。

第3学年及び第4学年では、詩や物語などを取り上げます。内容を説明したり、考えたことなどを伝え合ったりするとは、例えば、物語のあらすじや登場人物の行動などを説明したり、それらを基に考えたことや具体的に想像したことなどを文章にまとめたり発表したりすることです。

【言語活動の具体例】

・好きな場面を絵にして発表する。
・本の紹介をするために、ブックトークをしたり、ポップを作ったりする。
・詩のアンソロジーを編み、好きな詩について感想を述べ合う。
・好きな場面を友達と伝え合い、自分の考えとの共通点や相違点を話し合う。
・民話やファンタジーを読んで、紹介する文章を書く。
・物語の話の続きを考えて、交流する。

第5学年及び第6学年では、詩や物語、短編小説、伝記などを取り上げます。伝記は、物語や詩のような行動や会話、心情などを基軸に物語る文学的な描写と、事実の記述や説明の表現が用いられています。

自分の生き方などについて考えたことを伝え合ったりするとは、例えば、読み取った人物の生き方などから、これからの自分のことについて考え、文章にまとめたり発表したりすることです。

【言語活動の具体例】

・本の帯にして、本の魅力や簡単な内容を表す。
・物語とその作者の伝記を重ねて読んで、作品の世界を広げ、自分の読書生活について考える。
・伝記を読んで、自分の生き方について考えたことを交流する。
・物語の中の印象的な表現や、自分の経験と重ねて感じたことについてまとめる。
・自分の選んだ作家や作品の魅力を紹介し合い、気付いたことを伝え合う。
・テーマに沿って本を選び、ブックトークをする。
・物語を読んで考えたことを、自分の生活や読書経験などと結び付けながらまとめる。

言語活動は、学習指導要領に示された指導事項、教材の特性、指導の系統、子供の実態、これまでに身に付けてきた力、単元で身に付けるべき力などを考え、適切に設定していく必要があります。

2年「スイミー」の例

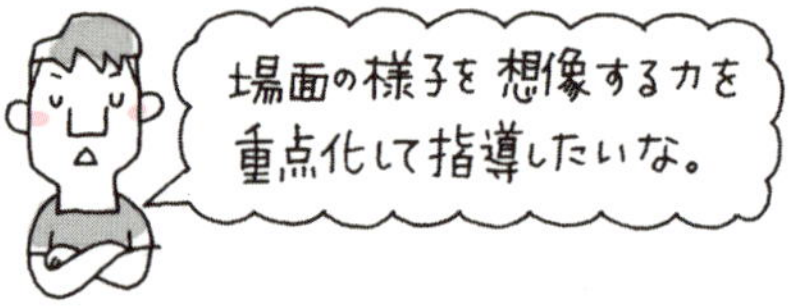

場面の様子を想像する力を重点化して指導したいな。

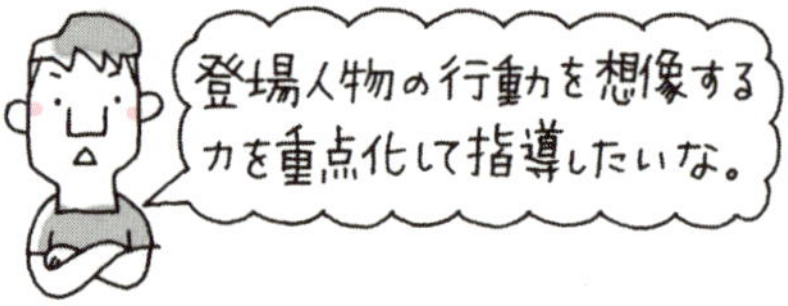

登場人物の行動を想像する力を重点化して指導したいな。

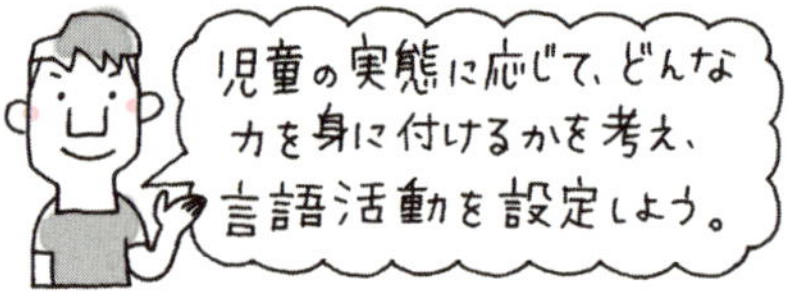

児童の実態に応じて、どんな力を身に付けるかを考え、言語活動を設定しよう。

＜低学年＞言語活動例イ

言語活動の例

4年「一つの花」の例

○ 登場人物の心情について考える

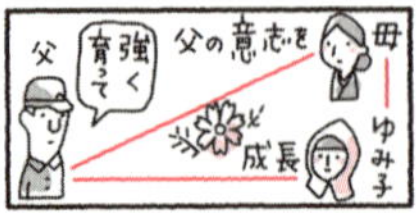

父
育って強く
父の意志を
母
成長
ゆみ子

父、母のゆみ子に対する気持ちについてまとめる。

○ 場面を比べて考えたことを交流する

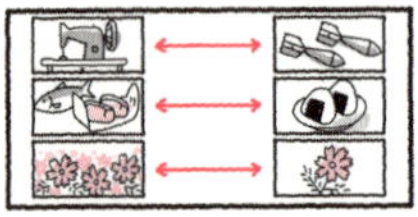

場面を視点に沿って比べて、違いをまとめる。

○ 戦争文学を読む

戦争文学を多読し、自分の考えをまとめる。

○ 象徴的な題名の作品を読む

すみれ島
「すみれ」は平和を表すのかな？

「すみれ島」などを読み、題名が何を象徴しているかを考える。

＜中学年＞言語活動例イ

言語活動の例
○○の話
詩集

６年「海の命」の例

○ 作品のテーマについて考える

「海の命」とはについて交流する。

○ 人物の生き方について考える

自分の生き方と重ねて考える。

○ 命シリーズを多読する

シリーズがどんな命なのか考える。

○「○○の命」を考える

身の回りの命について考える。

<高学年>言語活動イ

言語活動の例

言語活動の設定に当たっては、子供がどのように考え、どのようにまとめればよいのかを教師自身も言語活動を事前に体験しておく必要があります。

・様式（感想、報告、リーフレット、ポスターなど）
・字数　・相手　・目的　・使用する語彙、語句
・表現すべき内容　・文章構成　など

〈例〉第3学年年「モチモチの木」
言語活動：おもしろさについて感想を書く

モチモチの木を初めて読んだときと単元の最後では自分の感想が大きく変わった。わたしは、最初豆太は自分ではなにもできないおくびょうなところがおもしろいと思っていた。読み進めていくと、なぜ、豆太が暗い夜道を走って医者を呼び、モチモチの木の灯を見ることができたのかが分かってきて、感動した。モチモチの木のおもしろさは、じさまの豆太への愛情、豆太の勇気だと考える。

単元を構想する際、実際に教師が作成しておくことが大切です。これを基にして、どう読んでいくのか、どう感想をまとめていくのかを考え、指導して行く必要があります。

4. 学校図書館活用

学校図書館活用―言語活動例―

学習指導要領における「読むこと」の言語活動例のウは学校図書館活用に関わる内容です。

〈第1学年及び第2学年〉

ウ　学校図書館などを利用し、図鑑や科学的なことについて書いた本などを読み、分かったことなどを説明する活動。

〈第3学年及び第4学年〉

ウ　学校図書館などを利用し、事典や図鑑などから情報を得て、分かったことなどをまとめて説明する活動。

〈第5学年及び第6学年〉

ウ　学校図書館などを利用し、複数の本や新聞などを活用して、調べたり考えたりしたことを報告する活動。

学校図書館や地域の図書館などの利用に当たっては、施設の利用方法や本の配架場所などを知ることが必要です。その際、「第3　指導計画の作成と内容の取扱い」の2(3)の「本などの種類や配置、探し方について指導するなど、児童が必要な本などを選ぶことができるよう配慮すること。」を踏まえて指導することが必要です。

第1学年及び第2学年では、図鑑や科学的なことについて書かれた本などを読みます。図鑑は、図や絵、写真を中心に構成され、そこに短い解説の文が載せられています。科学的なことについて書かれた本には、特定の植物や生物のことを詳しく書いたものや、実験や観察の過程が描かれているものなど様々なものがあります。

分かったことなどを説明するとは、図鑑や科学的なことについて書かれた本を読んで、何を知ったのか、知ったことに対してどう思ったのかなどについて、話したり書いたりすることです。

【言語活動の具体例】

- ・教材文に関連した他の動物等について書かれた本を読み、比べる。
- ・ロボットや機械などについて紹介している本を探して読み、友達に分かったことを説明する。

第3学年及び第4学年では、図鑑に加えて事典を活用します。事典は、語義などの説明を中心とする辞書とは異なり、事物や事柄について解説したもので、百科事典などがあります。

分かったことなどをまとめて説明するとは、何が分かったのか、なぜ疑問に思ったのか、どこをさらに調べたいのかなどについてまとめ、話したり書いたりすることです。

第3学年及び第4学年では学校図書館や地域の図書館などを利用し、こうした言語活動を行うことは、各教科等の学習において調べる活動を行う際の基盤になるものです。学校図書館や地域の図書館などの利用に当たっては、「第3　指導計画の作成と内容の取扱い」の2(3)を踏まえ、施設の利用方法や本の配架場所などを指導することが必要です。

【言語活動の具体例】

- 食べ物等について書かれた本を探して読み、感想をまとめて、友達に伝える。
- リーフレットを作るために、伝統工芸品などについて書かれた本を探して読み、調べる。

第5学年及び第6学年では、複数の本や新聞などを活用します。複数の本や新聞などとは、同じテーマについて異なる書き手による本や文章、異なる新聞社による新聞記事などが挙げられます。本や新聞のほかに、雑誌、インターネットから得た情報などを活用することも考えられます。

調べたり考えたりしたことを報告するとは、複数の本や新聞に書かれていることを比較、分類、関連付けるなどして分かったことと、それらを基に考えたことをまとめて、文章に書いたり発表したりすることです。

学校図書館や地域の図書館などの利用に当たっては、第3学年及び第4学年と同様に施設の利用方法や本の配架場所などを指導することが必要です。

【言語活動の具体例】

- 自分が興味をもったテーマで書かれた二社の新聞記事を読んで比べ、思ったことや考えたことをまとめる。
- グラフや表を用いて自分の考えを発表するために、統計資料がある本で調べる。
- 日本文化などについて書かれた本を読み、分かったことをまとめ、友達に伝える。

＜低学年＞　教材文に関連した他の動物について書かれた本を読み比べる活動

課題をつかむ（導入）

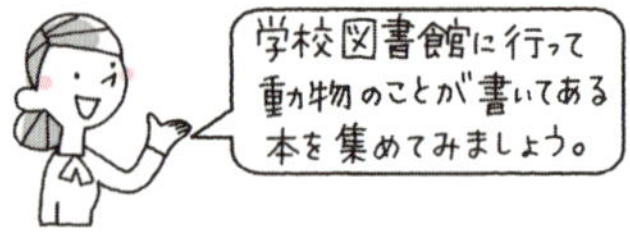

↓

教材を読む

・どのように書かれているのか

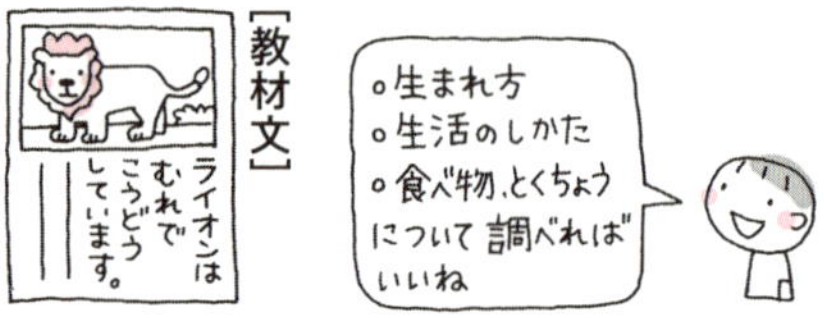

↓

学校図書館に行き、図鑑で調べる

・ワークシートにまとめる

［図鑑］　［ワークシート］

指導のポイント！

・低学年が読んで理解できる図鑑を選ぶ。
・児童の実態に応じて、動物を指定して、図鑑の読み方を指導する。
・最終的にまとめるのかを見通せるようにする。

↓

友達に紹介する文章を書く

・教材文の様式で書く

［説明する文章］

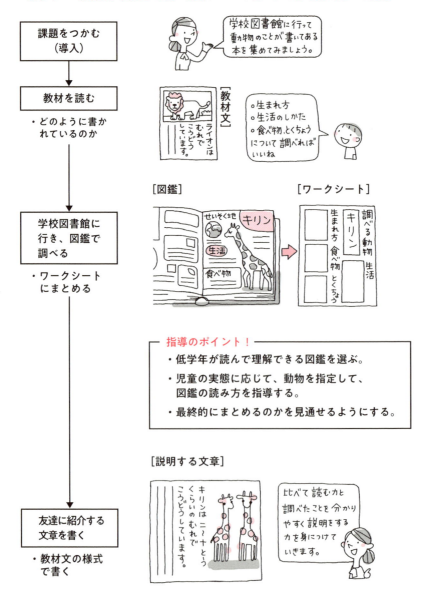

<中学年>伝統工芸品などについて書かれた本を探して読み、リーフレットにまとめる活動

課題をつかむ

・一般のリーフレットを読む

↓

調べる工芸品についても考える

・教材文から

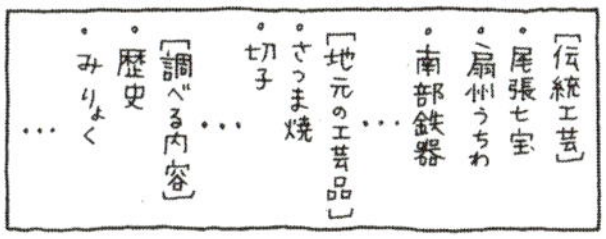

↓

様式を確認する

・完成のイメージ

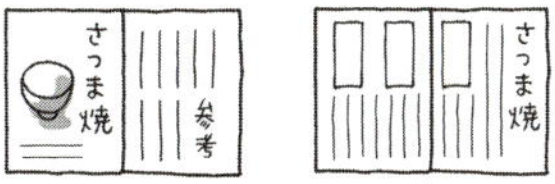

表紙　うら表紙　3ページ 2ページ

↓

調べる

・学校図書館の活用

[事典]　[図書]　[Web ページ]　[インタビュー（オンラインを含む）]

<高学年>グラフや表を用いて自分の考えを発表するために、統計資料がある本で調べる活動

課題をつかむ

・様々な統計を見る

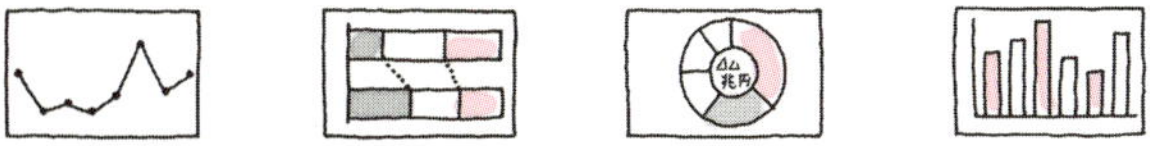

[日本の平均気温]　[夢を持っている児童の割合]　[日本の国家予算]　[日本の平均降水量]

↓

調べることを決め様式を確認する

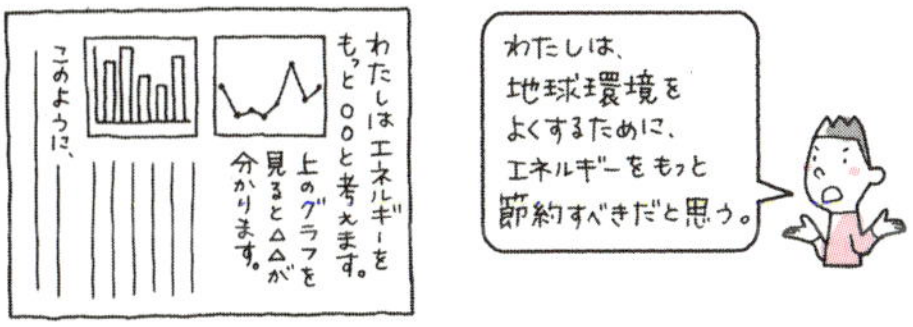

↓

調べる

・学校図書館の活用

[事典]　[図書]　[Web ページ]　[各種パンフレット・新聞]

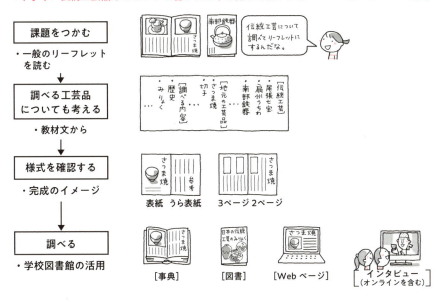

COLUMN 3

子供と教師を結ぶ言葉の重み　〜忘れられない日記〜

国語を〝好き〟にできなくても、〝嫌い〟にだけはさせない。

そのために、話したり、聞いたり、他者と話し合ったり、いろいろな本を様々な方法で読んだり、文字や短文、長文を書き綴ったりすることを厭わない国語教室づくりを基盤だと考えてきました。そして、担任時代は、子供が主体的に言葉と関わること、子供の内なる思いを自分の言葉で書き綴ること、それを他者とつないで、生き生きした言葉と心が響き合う学級づくりをモットーにしていました。その実践の柱として、日記指導を重視してきました。私の内奥に、教師と子供を結ぶ言葉の重さや大切さを深く刻み込んでくれた忘れられない日記との出合いがあります。

◆「それぐらいで…。」一言で心の糸が切れた日記

それは、若かりし、二十代半ば、持ち上がりの6年担任をしている秋の頃でした。運動会を間近に控え、予行練習があった日のA子との日記でのやり取りです。A子はクラスで一番足の速い女の子でした。短距離走では学年上位の力をもつA子でしたが、不本意にも転んでしまいます。着順は最下位。A子はその夜の日記に、短距離走のわずか数分の様子や心の動きを書き綴ってきました。私は共感しながらも、あの瞬間、転んだ後すぐに立ち上がることなく、気弱にゆっくりとゴールする姿をよしとすることができずに、「それぐらいで、くよくよしない。」とコメントをしたのです。その次の日。A子の様子が一変しました。昨年度からの担任ですから、A子の性格は十分把握しているつもりです。必ず気持ちを切り替えて登校してくれるはずだと信じていましたが、そうではありませんでした。私のコメントに傷ついたのでしょう。その日から、A子は沈み、私に対して口をつぐみました。長い間……。

たった一言が、これほど子供の心に深く影響を及ぼすことを自覚していなかった私は、絡まった糸をほどく術が尽き、落胆の日々を送るのでした。教師が一方的に抱いていた子供との信頼関係は、一言で脆くも崩れたのです。私の過信だったのです。私は、「言葉とは、最大の凶器であること」をA子に身をもって教えられたのです。

後日談は、それから5年後。在籍校の離任式の日に、A子は私に会いに来てくれました。高校2年になったA子の笑顔に出会えたのは実に久しぶりでした。懐かしくその当時の思い出を語りながら、精一杯笑顔を装う私でしたが、後から後から自責の念が胸に込み上げ、涙が頬をつたうのでした。

第４章

国語科における指導と評価の一体化

1 学習評価の基本的な考え方

学習指導要領の趣旨を実現するためには、学習評価の在り方が極めて重要であり、学習評価を真に意味のあるものとし、指導と評価の一体化を実現することがますます求められています。中教審の報告（平成31年）では、学習評価の改善の基本的な方向性が次のように示されています。

- 児童生徒の学習改善につながるものにしていくこと
- 教師の指導改善につながるものにしていくこと
- これまで慣行として行われてきたことでも、必要性妥当性が認められないものは見直していくこと

学習評価とは、文字通り、子供の学習を評価するものであり、それは「目標に準拠した評価」を指しています。目標に準拠した評価とは、学習指導要領の各教科等の目標に示された「内容」の実現状況を3観点から評価することを意味します。こうした評価は、「観点別学習状況の評価」と言い換えることができます。観点別学習状況の評価とは、学習状況を観点別に捉え、各教科等における学習状況を分析的に把握することが可能な評価のことを指します。評価の観点は、「知識・技能」「思考・判断・表現」「主体的に学習に取り組む態度」の3観点となります。観点別学習状況の評価は、平成10年告示の学習指導要領に基づいた平成13年の指導要録の改善から導入されました。それまでの学習評価が「集団に準拠した評価（相対評価）」であったものが、いわゆる「絶対評価」としての「目標に準拠した評価（観点別学習状況の評価）」に転換したのです。相対評価では、集団内での序列をつけるために、評定として「5」は7％、「4」は24％、「3」は38％、「2」は24％、「1」は7％というような割合を決めていました。こうした一定の枠組みの中で子供を値踏みするような学習評価からの脱却が求められて、早くも20年以上が経過しています。

学習評価を真に意味のあるものにするためには、一人一人の子供のよさや可能性を尊重し、個を支援するという教師の評価観を問い直す必要があります。「児童生徒にどのような力が身に付いたか（付いていないのか）、それは何をもってそう判断できるのか、評価を今後にどう生かすのか」といった子供の学習の成果を的確に捉え、教師が指導の改善を図るとともに、子供自身が自らの学びを振り返って次の学びに向かうことができるようにすることが基本です。そのためには、指導との一体化

を図る学習評価の在り方が極めて重要であり、教育課程や学習・指導方法の改善と一貫性をもったかたちで改善を進めることが求められます。

●国語科における観点別評価の3観点

国語科は、平成29年告示の学習指導要領に基づく学習評価の観点が、平成20年版で示されていた活動領域としての5観点（「国語への関心・意欲・態度」「話す・聞く能力」「書く能力」「読む能力」「言葉についての知識・理解・技能」）から、資質・能力として学力の重要な要素に即して3観点に再構成されました。小学校学習指導要領国語では、「言語活動を通して」、国語としての資質・能力を育成することとしています。図が示すとおり、「A話すこと・聞くこと」「B書くこと」「C読むこと」の3領域は、言語活動を通して指導事項を指導するものとして、〔思考力、判断力、表現力等〕に位置付けられています。今回の学習評価の観点では、これまでの「関心・意欲・態度」が「主体的に学習に取り組む態度」となりました。各教科等における「学びに向かう力、人間性等」について、「主体的に学習に取り組む態度」という観点からそれを評価することになります。

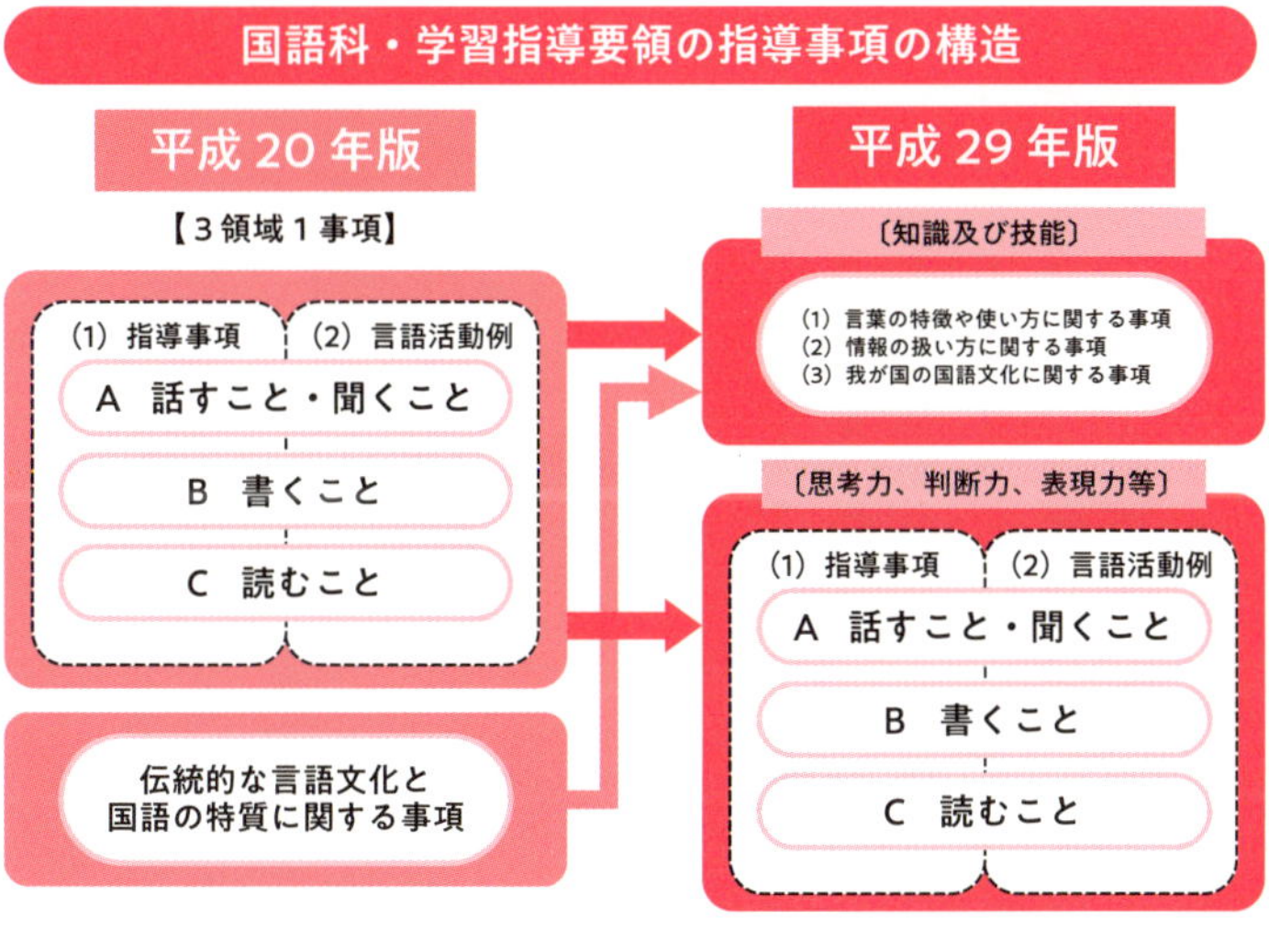

2

指導と評価の一体化—指導したことを評価し、子供の学習改善につなげる—

●一体化するとは

評価には、指導（目標）との一体化が求められます。そこには、「目標へ向けて指導したことを評価する（指導していないことは評価しない）」とする考えが基本となります。そのために教師は、単元や一単位時間に設定する到達目標の一言一句について慎重でなければなりません。年間指導計画等を基に、単元で取り上げる学習指導要領の指導事項が示すものを十分に精査する必要があります。単元の目標を設定する際、「取り上げる指導事項の文末を『〜できる』とすればよい」と形式化して捉えるのでなく、その目標の実現状況を子供の姿として明確にする必要があります。

つまり、授業を通して子供一人一人はどのような資質・能力を獲得できたか否か、目標の実現状況を眼前の子供の姿を通してつぶさに見取ることが大切です。その姿を通して指導が不十分と考える場合は、再指導を施すことが求められます。こうした教師の評価力を高めるためには、単元や一単位時間の出口において求める具体的な子供の姿をクリアに描くことが鍵になります。

●教師が指導したことを評価する

各単元において身に付ける資質・能力を明確にすることは当然ですが、その教えたいことは、子供たちに確実に指導されているでしょうか。次は、〔知識及び技能〕の語彙に関わる指導事項です。

> 身近なことを表す語句の量を増し、話や文章の中で使うとともに、言葉には意味による語句のまとまりがあることに気付き、語彙を豊かにすること

文節に注目すると、「〜量を増し」「〜使うとともに」「気付き」「豊かにすること」の要素に分けることができます。これら全ての要素を確実に指導できていればよいのですが、やや心許ない状況が散見されます。国語科の指導事項は複数回取り上げて指導することがあります。螺旋的・反復的に指導することで徐々に資質・能力が高まります。すると、学年末だけ評価すればよいと考えるかもしれません。しかし、それでは教師の指導責任を果たしたことにはなりません。日々の学習指導では、指導事項の精選、というより〝厳選〟の意識が重要です。国語科の指導事項の一文には様々な要素が網羅的に示され

ていますので、その内容を分析的に捉える必要があります。先述した語彙の指導事項を例にすると、該当単元でどの要素を厳選して指導するのかを明確にすることです。全てを取り上げないのであれば、その要素は削除すればよいのです。ただし、取り上げない内容は年間を見通し、計画的に位置付ける必要があります。教師は指導したことを評価することが原則です。それが指導と評価の一体化です。

●子供自身の学習改善につなげる

教師は優位な立場に立つ評価者です。単元ごとにテストを行い、点数を付けて渡し、学期末には通知表で5段階、3段階（◎、○、△）の記号で知らせます。では、評価者である教師の役割は評定を下すことだけでしょうか。評価を一人一人の子供に分かりやすく伝えることが大切です。子供たちが納得できる理由や根拠は用意されているでしょうか。評価は子供自身の学習改善につながることが重要です。今日の課題が宿題で今日解決されれば何よりです。宿題に課さずとも明日の学習で意識して取り組むことが主体的な学びの実現につながります。評価とは本来、子供の成長のために行うものです。

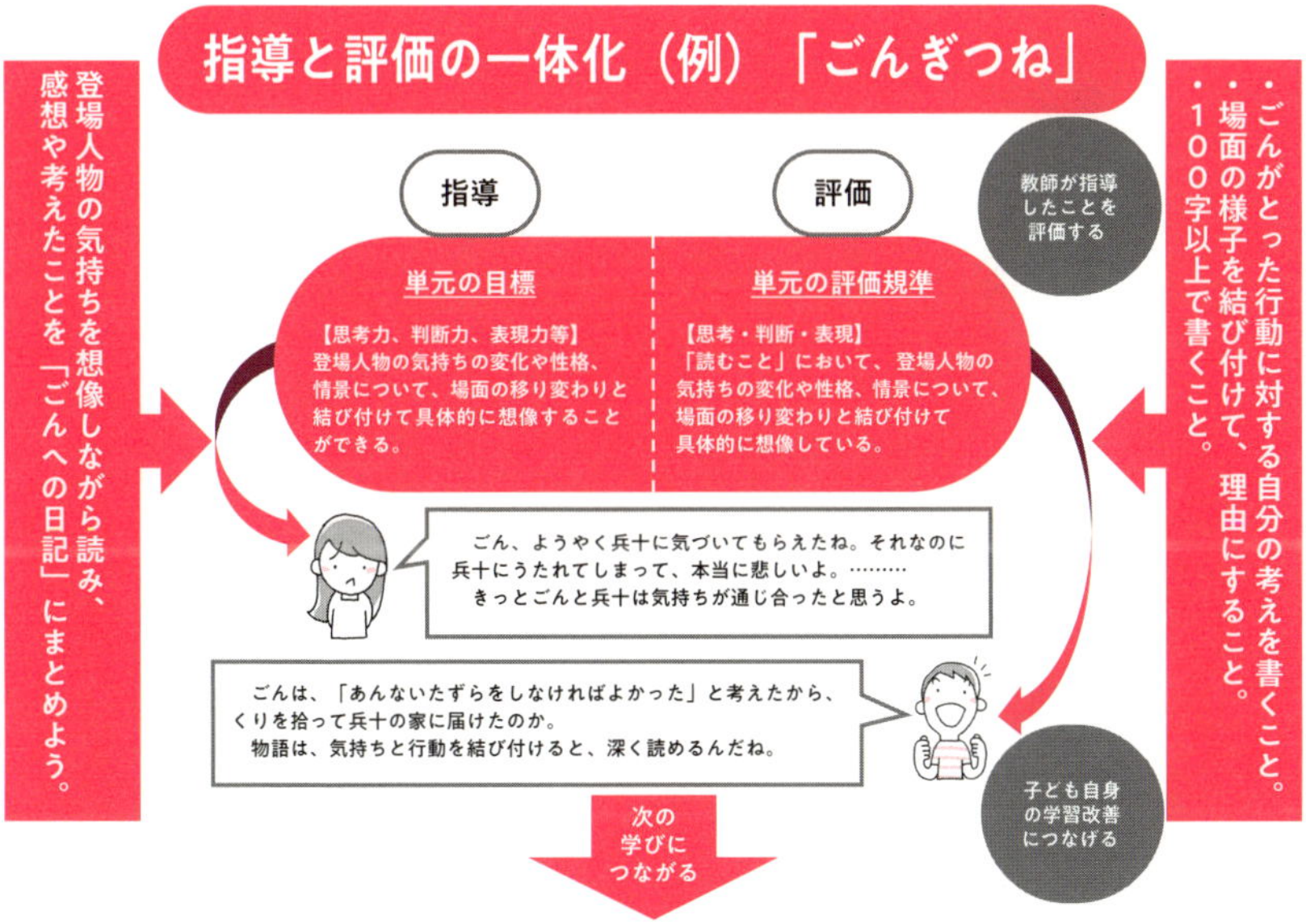

3 主体的に学習に取り組む態度の評価

「主体的に学習に取り組む態度」の評価規準については、当該単元で育成を目指す資質・能力と言語活動に応じて作成します。具体的には、①知識及び技能を獲得したり、思考力、判断力、表現力等を身に付けたりすることに向けた粘り強い取組を行おうとする側面と、②先に示した①の粘り強い取組を行う中で、自らの学習を調整しようとする側面の双方を適切に評価するため、次の③、④に示したように、特に、粘り強さを発揮してほしい内容と、自らの学習の調整が必要となる具体的な言語活動を考えて授業を構想し、評価規準を設定します。

①粘り強さ〈積極的に、進んで、粘り強く等〉
②自らの学習の調整〈学習の見通しをもって、学習課題に沿って、今までの学習を生かして等〉
③他の2観点〔「知識及び技能」「思考力、判断力、表現力等」〕において重点とする内容〈特に、粘り強さを発揮してほしい内容〉
④当該単元の具体的な言語活動〈自らの学習の調整が必要となる具体的な言語活動〉

具体例を示します。小学校第5学年及び第6学年の国語では、〔知識及び技能〕は、「(1) 言葉の特徴や使い方に関する事項」「ケ 文章を音読したり朗読したりすること。」で、〔思考力・判断力・表現力等〕は、「C 読むこと」「エ 人物像や物語などの全体像を具体的に想像したり、表現の効果を考えたりすること。」とします。言語活動は、「イ 読み聞かせを聞いたり物語などを読んだりして、内容や感想などを伝え合ったり、演じたりする活動」と設定したとき、「主体的に学習に取り組む態度」は、次のように考えられます。

※丸数字は上段と関連
③〔知識及び技能〕文章を音読したり朗読したり、④〔言語活動〕読み聞かせを聞いたり物語などを読んだりして、内容や感想などを伝え合ったり、演じたりする活動することを通して、③〔思考力、判断力、表現力等〕人物像や物語などの全体像を具体的に想像したり、表現の効果を考えたりすることに向けた①②粘り強い取組を行う中で、自らの学習を調整しながら取り組もうとしている。

③と④は区別し、①と②は連動して捉えましょう。

●主体的な態度か否かをどのように評価するか

「態度」の評価は、観点別の評価としながら、他の2

観点と一体化して評価することが基本となります。別々に評価するのではないのです。そうすると、「知識・技能」や「思考・判断・表現」が「A」であれば、「態度」も「B」か「A」になるものと考えます。見せしめや懲らしめとしての評価になってはいけません。

一方、一生懸命に取り組んではいるが、「知識・技能」や「思考・判断・表現」が「C」と評価される場合は、やはり「A」は付けにくくなります。それは、意欲や関心、積極性という概念を、主体性とは切り離して考えようとしているからです。「態度」の一つの視点である「粘り強さ」は、意欲や関心、積極性と近い関係にあるかもしれません。何度もトライしているような姿です。「態度」は、もう一つの視点である「調整」を合わせもつ必要があるのです。「調整」はレベルが高くなります。子供自身が、「なぜ、間違っているのか、どうしてできないのか、どうすれば多面的・多角的に検討できるか」などをメタ認知できないと、「調整」は働きません。よって、最終的には「あの子は頑張っているのだけど…」という評価になります。ただ、その子供の頑張りは拾ってあげ、所見のコメント等で認めてあげたいものです。

主体的に学習に取り組む態度の評価

① 粘り強さ
〈積極的に、進んで、粘り強く等〉

② 自らの学習の調整
〈学習の見通しをもって、学習課題に沿って、今までの学習を生かして等〉

③ 他の２観点（「知識及び技能」「思考力、判断力、表現力等」）において重点とする内容
（特に、粘り強さを発揮してほしい内容）

④ 当該単元の具体的な言語活動
（自らの学習の調整が必要となる具体的な言語活動）

〈例〉　小学校第５学年及び第６学年

③（知識及び技能）
文章を音読したり朗読したり、
④（言語活動）
読み聞かせを聞いたり物語などを読んだりして、内容や感想などを伝え合ったり、演じたりする活動を通して、
③（思考力、判断力、表現力等）
人物像や物語などの全体像を具体的に想像したり、表現の効果を考えたりすることに向けた
①粘り強さ　②自らの学習の調整
粘り強い取り組みを行う中で、自らの学習を調整しながら取り組もうとしている。

主体的な態度か否かをどのように評価するか

「知識・技能」「思考・判断・表現」が
Ａなのに、「態度」がＢ
↓
〈「態度」の評価は他の２観点と一体化〉
〈見せしめ・懲らしめの評価は×〉

「知識・技能」「思考・判断・表現」が
Ｃなのに、「態度」がＡ
↓
〈頑張っている…だけでＡはつけない〉
〈「態度」と「調整」は切り離せない〉
〈「調整」が働いているとは言えない〉
〈その子の頑張りは、他の場面で拾う〉

COLUMN 4

楽しく分かる国語科の授業づくりの基礎・基本

本来、国語は最も身近で、教科国語は創造的で楽しいはずなのですが、子供にはあまり好かれていないようです（全国学力・学習状況調査では、小学6年の約4割は否定的な解答）。画一的な国語科の授業の在り方にも原因があるのかもしれません。国語科の授業づくりの基礎・基本を考えてみます。

①**主体性：子供自ら言葉を学ぶ**

国語科の授業は、ややもすると一問一答による教師中心の授業になりがちです。子供一人一人が学習課題に対する自己決定をする場を学習過程に組み入れましょう。その子供なりの学び方や見方・考え方で追究し、個々の考えを対話を通して相互に磨き合うような授業展開を試みてみましょう。

②**確実性：正しく言葉を学ぶ**

言葉を正しく理解するのが、国語科の第一義の目標です。したがって、音読における句読点への配慮、文字を書くときの一点一画への配慮等、正確さには特に気を付けたいものです。教師自らの発言や板書などに留意し、子供たちの〝正しい言葉〟への意識を高めていくように心がけましょう。

③**簡潔性：筋道立てて言葉を学ぶ**

子供の挙手が少ないとき、子供が生き生きと活動しないとき、教師自身の発問や指示、課題、板書事項を改めて見直してみると、それがあまりにも複雑ですっきりしていない場合が多いものです。その反省に立って、簡潔明瞭な問いや指示を投げかけるように努力する必要があります。子供が、何をどう答えたらよいのか、筋道立てて思考できるように発問や指示、板書を整理していきましょう。

④**体験性：言語活動を通して言葉を学ぶ**

単調な国語科の授業には、子供はすぐ飽きてしまうものです。そこで、一単位時間の授業の中に、ＩＣＴの活用をはじめ、読む、書く、聞く、話す、動作化する、操作するなどの多様な言語活動を意図的に組み入れ、子供たちが生き生きと楽しく国語の学習が展開できるようにしましょう。

⑤**具体性：実生活と結び付けて言葉を学ぶ**

言葉の意味や働きを理解するためには、実生活の場面と結び付けることが大切です。実生活とは言語生活を指します。それは、本や文章を読む読書生活、文字や音声で媒体を通して表す表現生活を含みます。言葉と子供たちの実生活を結び付け、言葉の意味や働きの実感的理解につなげましょう。

第５章

ICT を活用した国語科の授業づくり

1 知識及び技能

ＩＣＴを利活用することで、知識及び技能の習得を図ることができます。ここでは２つの実践を紹介します。

●第３学年以上『マイ国語辞典を作ろう』

「言葉の意味調べ」は、インターネット検索で簡単にできますが、紙媒体の国語辞典を引くことも大切です。なぜなら、調べたい言葉の意味だけではなく、その前後に並んでいる言葉にも目を向けることができるからです。興味・関心の赴くままに、様々な言葉に寄り道していくのも大事な学びの形であり、語彙の獲得につながります。

そこで、国語辞典とＩＣＴ端末の双方を活用した『マイ国語辞典を作ろう』の実践を紹介します。

国語辞典を引く中で出合った言葉とその意味を、教師が Google スライドで作成した学習シートに記録します。ここには、その言葉を使って作った短文なども記録して蓄積していくことができます。

世界に一つしかないオリジナルの国語辞典をタブレット端末で作成し、日常的に活用する中で、語彙力の向上を目指します。

●第４学年以上『ことわざ・故事成語発表会をしよう』

「ことわざ」「故事成語」の学習で、ＩＣＴ端末を活用した協働学習の実践を紹介します。

初めに、学習班の中で役割分担をし、子供一人一人が担当することわざや故事成語を決めます。そして、国語辞典などを使って意味や成り立ち等を調べ、教師が Google スライドで作成した学習シート（一学習班につき一スライド）に記録します。

次に、再び学習班で集まり、調べたことを共有するとともに、ことわざや故事成語を使う「場面」について話し合います。そして、その「場面」を身体や表情で表し、写真に撮ります。この写真は、前述の学習シートに挿入します。

最後に、班のメンバー全員でスライドの流れを確認し、Google classroom にアップし、学級全員に共有します。単元の終末には、スライドショー機能を使い、学級全体で発表会を行います。

ＩＣＴ端末を活用した協働学習の中で、ことわざや故事成語についての学びを深めることができます。

マイ国語辞典を作ろう

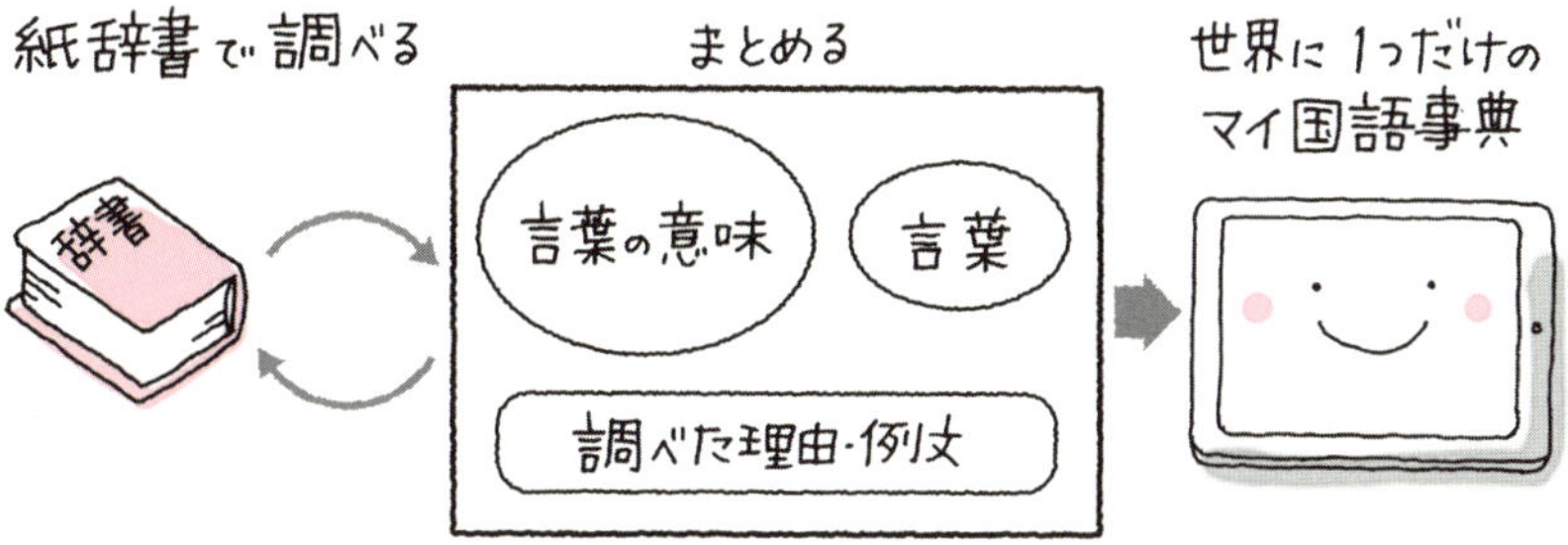

ことわざ・故事成語発表会をしよう

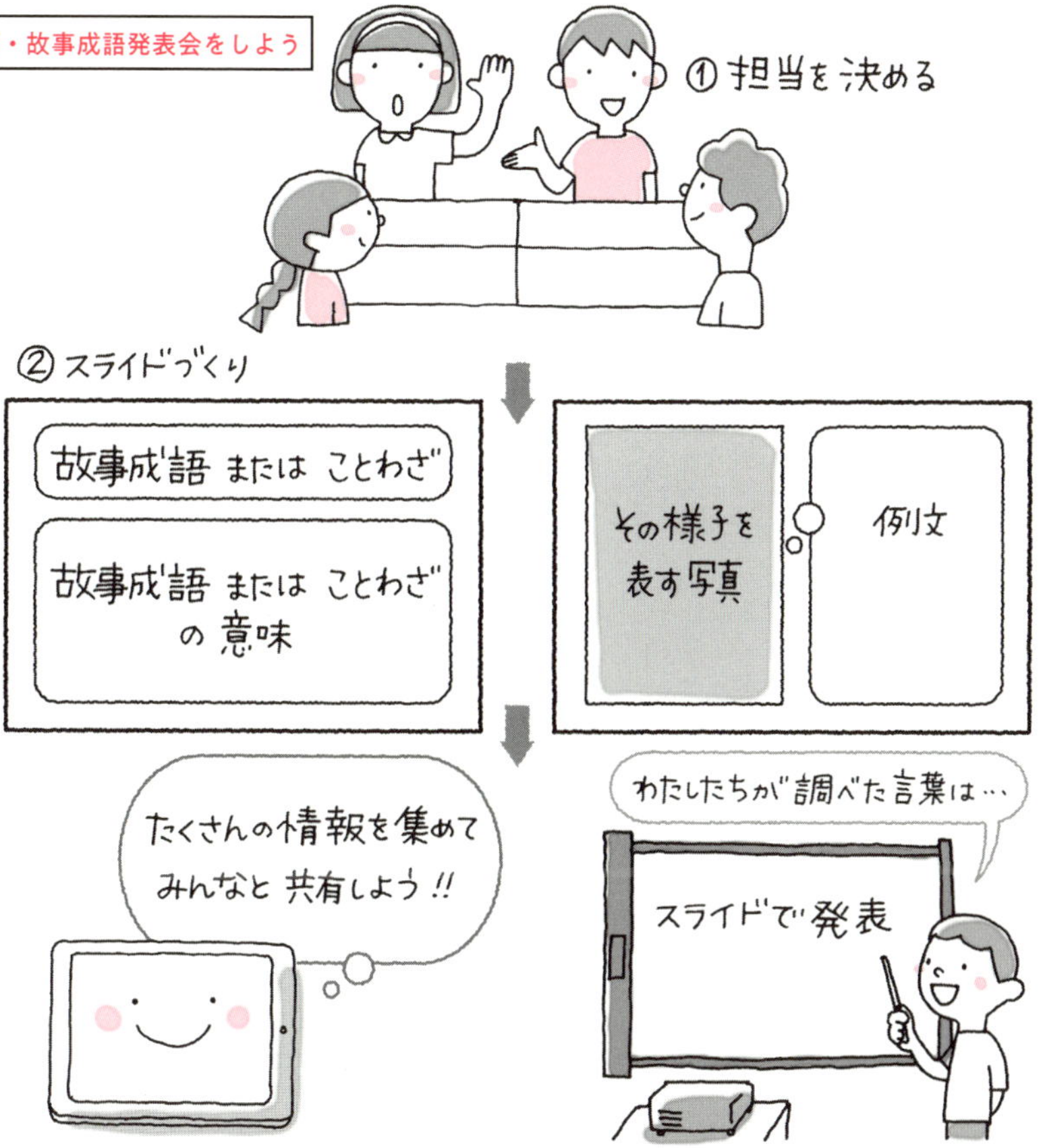

2 話すこと・聞くこと

単元全体で育成したい資質・能力との関連を明確にし、学習過程においてICTを効果的に活用することが大切です。

その際、ICTの効果的な活用場面として、主に次の5つが考えられます。

- 情報を収集して整理する場面
- 自分の考えを深める場面
- 考えたことを表現・共有する場面
- 知識・技能の習得を図る場面
- 学習の見通しをもったり、学習した内容を蓄積したりする場面

この5つの場面は、特定の学習過程と紐づいたり、固定的に捉えたりするものではありません。

特に、指導事項のうち、「表現、共有（話すこと）」において、「考えたことを表現・共有する場面」で、話合いの様子を録画・再生する等、ICTを効果的に活用することができるでしょう。

具体的には、各学年の発達段階に応じた次のような活用の仕方が考えられます。

●第1学年及び第2学年

町探検に行って見てきたことについて、授業参観で家族に伝えるための練習をしている場面を設定します。

ICT端末等を使って、自分自身で実際に話しているところを撮影し、姿勢や口形、声の大きさや速さについて振り返る際に活用します。

●第3学年及び第4学年

見学したごみ処理場について、低学年からの質問について回答するための練習をしている場面を設定します。

学級全体で言葉の抑揚や間の取り方についてのモデルの動画を視聴した後、ICT端末等を使って撮影した、自分の動画と比べながら振り返る際に活用します。

●第5学年及び第6学年

役所の方へ環境を守るために必要なことについて提案するための練習をしている場面を設定します。

ICT端末等を使って、グループ同士で提案の練習の様子を撮影し合い、互いの動画を見ながら、根拠となる資料の提示や実演の仕方についてのよさや改善点を出し合い、振り返る際に活用します。

ICT の効果的な活用場面

低学年

録画をして
口形や声の大きさを
check！！

中学年

言葉の抑揚や間の取り方
を自分の動画と比べる

高学年

根拠となる資料の提示や実演
の仕方、互いのよさや改善点

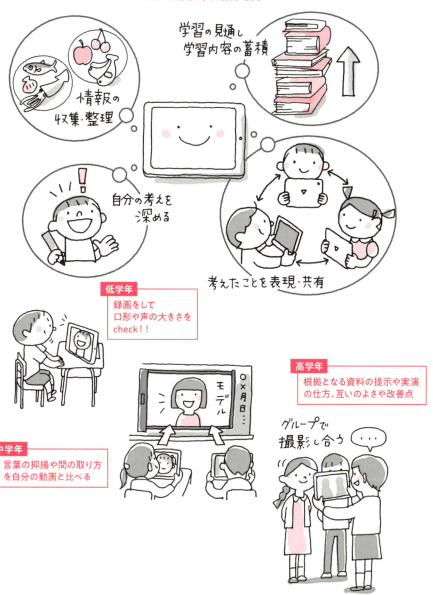

3

書くこと

●書くことの学習過程に即したICTの活用例

書くことの一般的な学習過程は、「題材の設定」「情報の収集」「内容の検討」「構成の検討」「考えの形成・記述」「推敲」「共有」となります。各過程に即した活用例を紹介します。

【題材の設定】

・これまで撮りためてきた写真を好きな順番に並べ、それに合わせて物語を書きます。

・季節を感じる写真を撮り、その写真に合った俳句や短歌をつくります。

【情報の収集】

・説得力のある文章にするために、内容に適した図やグラフをインターネットを活用して調べます。

・新聞記事を書くために、ビデオ通話機能を活用して、地域の方にインタビューを行います。

【内容の検討】

・日常生活の中で気が付いたことや感じたことを、メモ機能や付箋機能を活用して書き溜めておき、書くことの題材に合った内容を選んだり、確かめたりします。

【構成の検討】

・文書作成ツールやプレゼンテーションツールを活用して構成メモを作成し、内容の順序やまとまりについて検討したり、複数の構想案を作ってそれぞれを比較しながら筋道の通った文章になるように構想や展開を考えたりします。

【考えの形成・記述】

・自分の考えがより明確に伝わる文章にするために、「理由」や「事例」の案を文書作成ツールやオンラインホワイトボードツールを使用して書き出し、考えと組み合わせたり、文章を並び替えたりします。

・自分の考えが伝わるように、文章の中に【情報の収集】で集めた資料や文章の内容に合わせてプレゼンテーションツールや表計算ツールを活用して作成した資料を用いるなどして、書き表し方を工夫します。

【推敲】

・文書作成ツールを用いて書いた文章を読み返し、誤字脱字を修正したり、より分かりやすい表現に書きかえたりします。

【共有】

・クラウド機能等を活用して友達が書いた文書ファイルにアクセスすることで、より多くの文章に触れることができます。

・文書作成ツールのコメント機能や共同編集機能を活用することで、友達が書いた文章のよいところについて本人や他の友達とすぐに共有することができます。

書くことの学習過程に即したICT

写真を撮る

写真を選ぶ

どれにしようかな

テーマを決める

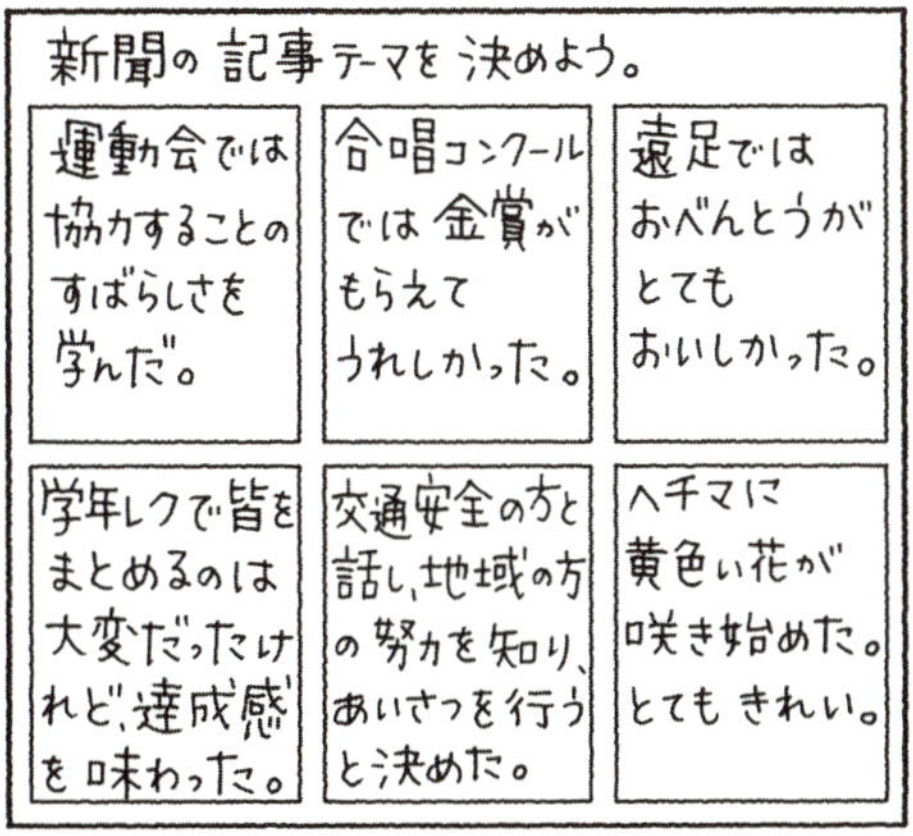
新聞の記事テーマを決めよう。
運動会では協力することのすばらしさを学んだ。
合唱コンクールでは金賞がもらえてうれしかった。
遠足ではおべんとうがとてもおいしかった。
学年レクで皆をまとめるのは大変だったけれど、達成感を味わった。
交通安全の方と話し、地域の方の努力を知り、あいさつを行うと決めた。
ヘチマに黄色い花が咲き始めた。とてもきれい。

文章を詳しくする資料を探す・作る

4 読むこと

「読むこと」の単元の学習においては、内容の読み取りを主とした読解ではなく、熟考や評価をする読解のために、効果的で支援的にICTを取り入れていくことが大切です。「読むこと」の学習過程に沿ってICTを活用する場面として、主に次の5つが考えられます。

・学習の見通しや振り返りをもつ場面
・文章の構造と内容を把握する場面
・文章を精査・解釈する場面
・自分の考えを形成する場面
・感じたこと、分かったこと、考えたことを共有する場面

ここでは、特に、指導事項のうち、「精査・解釈（説明的な文章）」において、「文章を精査・解釈する場面」で、読解過程の思考操作や言語操作について、紙媒体では困難であった試行錯誤を粘り強く重ねることができるように、文章に直接印を付けたり、メモや記録を残したりする等、ICTの活用を図ることができるでしょう。

具体的には、各学年において次のような活用が考えられます。

●第1学年及び第2学年

動物に関する説明文を読み、成長の順序に関わる重要な語や文を文章中から見つけている場面を設定します。

ICT端末のアプリに取り込んだ教材文を読み、時間や事柄の順序に関わる語や言葉にマーカー機能で色を塗り、書き手が伝えたい情報を考える際に活用します。

●第3学年及び第4学年

日本の食文化に関する説明文を読み、要約するために必要な中心となる語や文を選んでいる場面を設定します。

ICT端末のアプリに取り込んだ教材文を読み、内容の中心からは外れると思う語や言葉に図形を貼り付けて見えないようにマスクを掛け、要約のために補足する必要のある自分の言葉を考える際に活用します。

●第5学年及び第6学年

世界の環境問題に関する説明文を読み、文章と図表を結び付けている場面を設定します。

ICT端末のアプリに取り込んだ教材文の、図表と対応する文章にスタンプ機能で印を付け、付箋機能で図表の効果を書き、論の進め方を考える際に活用します。

ICT の効果的な活用場面

読むことにおける ICT を活用する場面

① 学習の見通しや振り返りをもつ場面
② 文章の構造と内容を把握する場面
③ 文章の精査・解釈する場面
④自分の考えを形成する場面
⑤感じたこと、分かったこと、考えたことを共有する場面

低学年

図表と対応する文章にスタンプ機能で印を付け、付箋機能で図表の効果を書き、論の進め方を考える。

中学年

内容の中心から外れると思う語や言葉に図表を貼りつけて見えないようにマスクを掛け、要約する必要のある自分の言葉を考える。

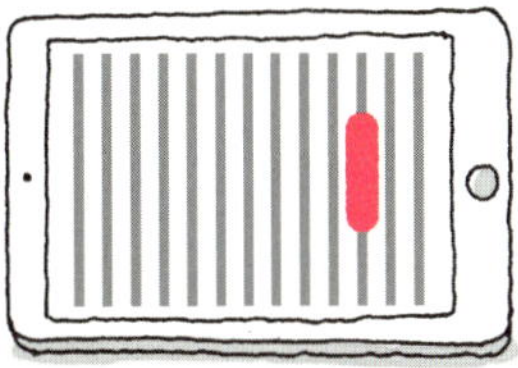

高学年

時間や事柄の順序に関わる語や言葉にマーカー機能で色を塗り、書き手が伝えたい情報を考える。

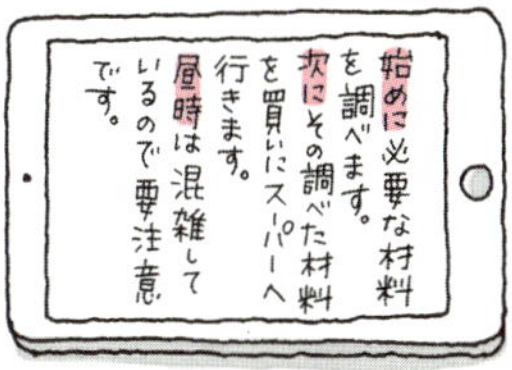

COLUMN 5

再考　主体的・対話的で深い学びの実現を目指して

「主体的・対話的で深い学び」を実現している人とはどのようなイメージでしょうか。私たちはしばしば、「学ぶ」ということを継続していこうとする志や意欲溢れる人と出会うとき、その人に敬意の念を抱くとともに、そのような生き方に触発され、自分の在り方を模索することがあります。「学ぶ」意欲のある人、それを継続する人は、その人ならではの固有の常識と判断力、自分にとって甲斐のあるものに集中し、それを生活における様々な条件の中で適切な決定を繰り返し、他と共に協調しながら学びに向かっている、まさしく生きる力を保持し、それを体現しているように感じます。

このことに関連して、教育哲学者のジョン・デューイ（John Dewey, 1859-1952）は、「教育学的な誤りのうちで最大のものは、人はその時点で学ぶ特殊な事柄だけを学習しているという考え方である」と述べています。「特殊な事柄」とは、教科等の知識や技能に当たる事柄です。「学ぶって面白い」「〇〇という教科等が好き、もっと追求したい」といった態度の形成こそ、将来において基本的に重きを為すものと考えているのです。デューイは、教科等の特殊な事柄を否定しているのでなく、それに固執せず、教科等の枠組みを超えて立ち現れる情動が「学び」の根源的なものと捉え、それを「附随的な学習」と定位し、経験の積み重ね、連続性を説いたのであります。「経験」とは、環境そして教材や教具といった物的なものを媒介とした、子供と教師との相互作用との捉えです。

全国的に経験を大切にした問題解決的な学習指導が展開される中、「子供主体」「子供一人一人」等の理念や掛け声は共有されていても、情動ある学びや他の相互作用は不十分なような…。めあてが教師から突然提示される授業、教師の意図を汲んで発言してくれる約１／３が活躍する授業、子供に活動させっ放しの授業が散見されます。学習者の興味を高める動機付け、自己選択や自己決定の機会が大切にされ、学び甲斐や醍醐味、憧れ、喜び、神秘、他者への感謝などを実感できるような学びを展開したいものです。結局のところ、教師の筋書き通りに進行される授業、教師の発問に対する解答や反応は集団で学ぶ友達ではなく教師一人に向けられながら進行する授業…。このような授業像の払しょくを図りたいものです。特定の指導方法に固執せずに、ＩＣＴを積極的に活用しながら新しい資質・能力を見据えて絶え間なく授業改善を重ねることが重要です。困難さは至極当然ですが、そうしたことを丁寧に真摯に挑んでいくことが、「主体的・対話的で深い学び」の実現につながります。

第６章

国語科の授業づくり Q&A

Q1 国語科の単元のまとまりを子供が見通すことができますか

A 現在の学習指導要領では、「主体的・対話的で深い学び」の実現に向けた授業改善を進める際の指導上の配慮事項を総則に記載するとともに、各教科等の「第3　指導計画の作成と内容の取扱い」において、単元や題材などの内容や時間のまとまりを見通して、その中で育む資質・能力の育成に向けた授業改善を求めています。従来、国語科では単元レベルでの資質・能力の育成を図るために、学習の流れを計画表にまとめて提示する実践が展開されていました。しかし、その計画は単位時間ごとの学習活動が示され、それを遂行（消化）しているイメージがあり、やや教師主導の感もあります。

そこで、筆者が考案したのが、単元や題材などの内容や時間のまとまりを子供と共に見通すことができる、ラーニング・マウンテンです（図参照）。筆者は、主体的・対話的で深い学びの実現に向け、個別最適な学びと協働的な学びの一体化を図る授業づくりのために、「学びの文脈」を子供と共に創るという理念を提唱しています。この理念を具現化するのが、ラーニング・マウンテンです。このラーニング・マウンテンは、「Let's Climb the Mountains of Learning」（学びの山に登ろう）の略称で、国語科のみならず各教科等の単元や題材のまとまりを「山登り」に例えたものです。子供たち一人一人が目指す頂上（ゴール）とルート（プロセス）をデザインし、学びを見える化したものです。単元の目標、内容、方法、評価の観点等を構造化して示すことによって、教師はもとより子供たち自身が学びの現在地を確認しながら、より高みを目指すイメージがわいていきます。単元の導入段階において、学んでいく方向を見通し、各段階での振り返りを大切にすることで主体性や自律心、メタ認知能力を育んでいきます。同時に、課題の解決と目標の達成という頂上（ゴール）を常に意識しながら、最後まで粘り強く、自らの学びを調整していこうとする態度を培います。コンピテンシー・ベースの授業を目指し、ユニバーサル・デザインに配慮しながら、決して一様ではない子供たちの学びの文脈を創っていくところに価値があります。**ラーニング・マウンテンには、教師が教えたいことを子供たちが学びたいことへ変えていく力があります。そして、マウンテンの頂上（ゴール）に立つ子供たちの学びには、教師が教えたいことを越えていく可能性を秘めています。**ラーニング・マウンテンの頂上には、きっと、学級全体の、そして子供一人一人のWell-Beingが待っているはずです。

●ラーニング・マウンテンの構成要素

4つのパーツを設定し、次の要素で構成します。

◆みんなで解決したい問い（学習課題）

言語活動を通して指導事項を指導するという考え方の下、重点化した指導事項を含む文言に仕立てます。

◆単元の3観点に基づく評価（目標）

「わかること・できること」（知識・技能）、「考えること・表すこと」（思考・判断・表現）「くふうして学ぼうとすること」（主体的に学習に取り組む態度）の3観点に基づいて設定する評価規準を教師主導で設定します。

◆各ステージ（こんな学習をしてこんな力を）・評価

単元の導入部（第一次）、展開部（第二次）、終末部（第三次）に分けた学習活動と形成的な評価を単元の評価規準と関連付けて設定します。

◆この単元に関わってこれまでに知っていること・できること

同系統の単元や題材を想起し、前学年や前単元までに習得した内容について単元の導入段階の最初で自覚化できるようにします。

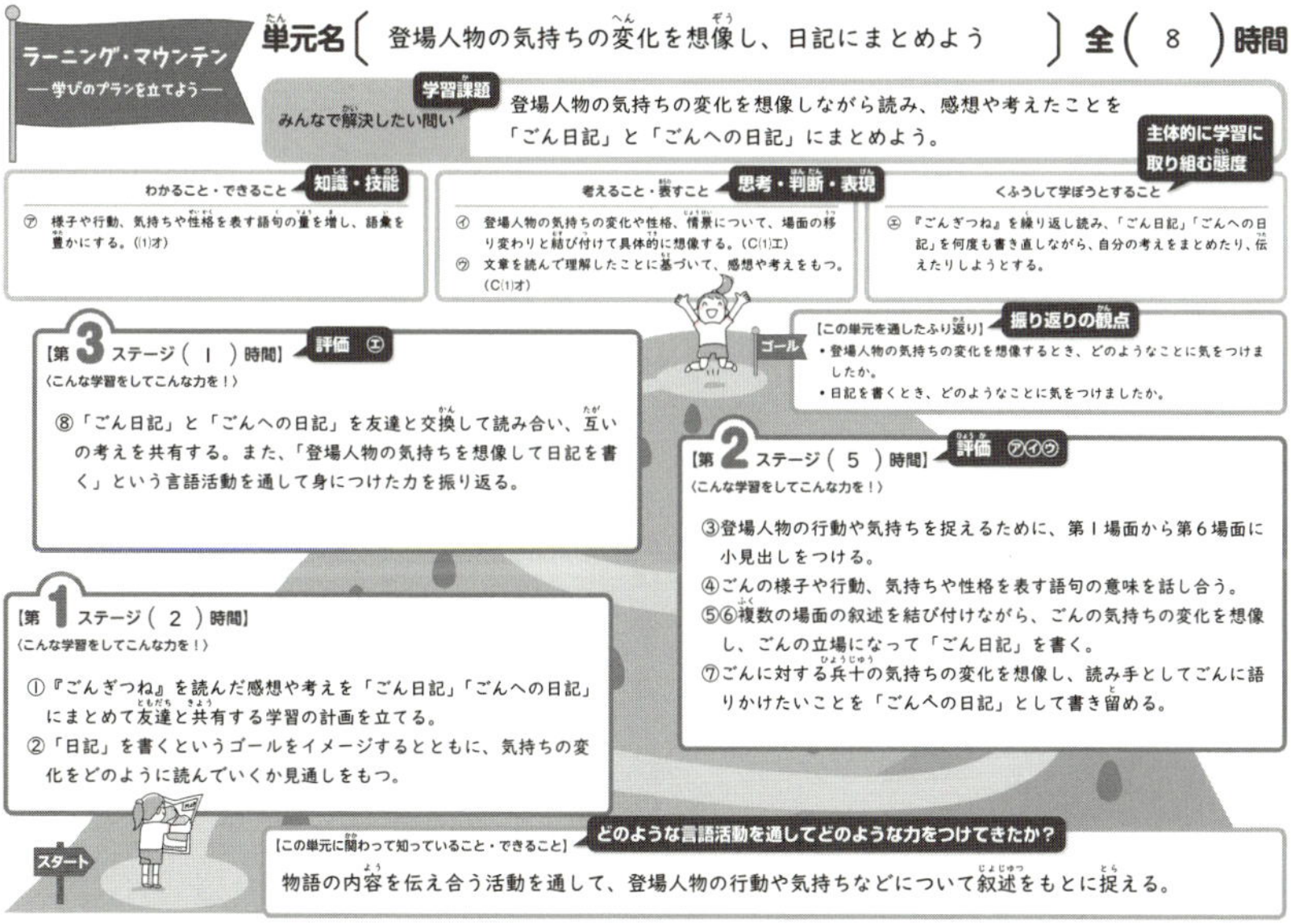

図　「ごんぎつね」のラーニング・マウンテン（教育出版サイトより）
https://www.kyoiku-shuppan.co.jp/textbook/shou/kokugo/document/ducu2/docu209/lm-index.html

Q2

国語科に対する学習意欲を高めることが難しい…

A

2024年度の全国学力・学習状況調査の質問紙調査結果（公立）によると、①「国語の勉強は好きですか」の質問に対して肯定的な回答をした割合は、6割強（小学6年が62%、中学3年が64・3%）でした。他方、②「国語の勉強は大切だと思いますか」の質問に対するその割合は、9割強（小学6年が94・5%、中学3年が93・9%）でした。①に対して否定的な回答をしている児童生徒でも、②の結果が示すように国語の重要性は認識しています。それで十分なのかもしれません。この結果は、本調査が初めて実施された2007年度から大きな変動はありません。

好悪の感情は如何ともし難い面があります。要は、「嫌い」を増やさないことでしょう。主体的・対話的で深い学びの実現を目指す学習指導要領の理念と、中教審答申が示す「全ての子供の可能性を引き出す、個別最適な学び、協働的な学び」の展開が相まって子供たちの学習意欲がさらに向上することが期待されています。国語の学びは教科国語に閉じない言葉の探究であり、学習意欲とは教師の立ち位置や学習環境、教室環境に左右されます。

●心理的安全性と協働性あふれる教室空間をつくる

全ての子供にとっての教室空間に心理的安全性と協働性があふれるようにしましょう。集団の学び舎で「対話的な学び」や「協働的な学び」の実現を目指すには、社会の縮図となる教室空間には確かに「◎・○・△・×」は存在するのです。「教室は間違うところ」と言われますが、子供の視座に立つと「教室に間違いはない」のかもしれません。間違い（恥をかきたくない、馬鹿にされたくない）を恐れて、発言を避けるのは当然の感情でしょう。当然、教科の知識・技能の側面においては「△」や「×」の状況は存在します。要は、そのような子供の「全然（はっきりとは）分からない」という内なる叫びや困りが共有される環境であるか否かが鍵です。

学び合いには、「教え合い」（優劣・主従）ではなく、「聴き合い・訊きあい」（傾聴・共有）の精神が大切です。教師の発問に対して、挙手し発表する姿が学習に参加している様相と狭義に捉えないようにしましょう。参加というより、参画できる学級文化や学習環境をつくっていくことが学習意欲を高める第一歩になります。

●学習意欲を喚起する一単位時間の導入部の工夫

自己調整学習を提唱するバリー・ジマーマンは、学習者自身が学習の目標設定や計画、評価といった一連のプロセスに能動的に関わり、学習者自身の認知や行動をコントロールしながら、学習目標を効果的に達成していく学習の在り方を重視しています。こうした理念に基づき、単元レベルで授業をデザインするラーニング・マウンテン（筆者考案）を活用することを勧めています。この具体は、別途の関係頁を参照してください。ここでは、ラーニング・マウンテンを活用した単元の見通しの中で一単位時間の導入部において、子供主体の学びを促進する教師の発言例を5点示します。

①今日は、単元全体の中で○時間目ですね。単元全体の目標や課題を確認しましょう。
②前時は、…な学習をしましたが、本時はどのような学習を進めていけばよいでしょうか。
③本時の課題やめあてを立てましょう。皆さんの考えを先生のほうでまとめていいですか。
④では、この課題やめあてを解決するために、どのような学びを進めていけばよいですか。まずは、あなたの学び方や考え方を尊重しますので、教えてください。
⑤本時の時間配分はどのようにしましょうか。

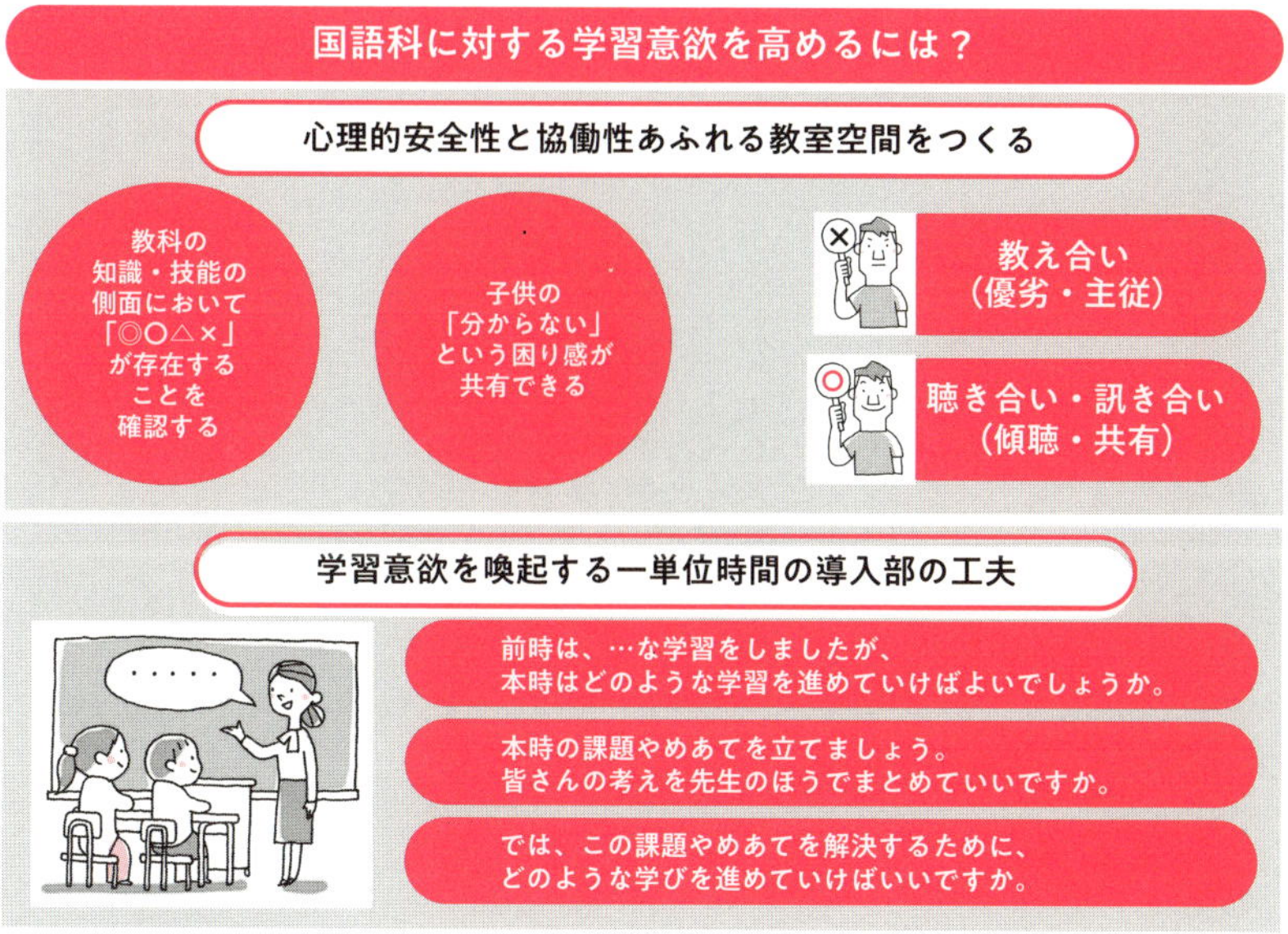
国語科に対する学習意欲を高めるには？
心理的安全性と協働性あふれる教室空間をつくる
教科の知識・技能の側面において「◎○△×」が存在することを確認する
子供の「分からない」という困り感が共有できる
教え合い（優劣・主従）
聴き合い・訊き合い（傾聴・共有）
学習意欲を喚起する一単位時間の導入部の工夫
・・・・・
前時は、…な学習をしましたが、本時はどのような学習を進めていけばよいでしょうか。

本時の課題やめあてを立てましょう。皆さんの考えを先生のほうでまとめていいですか。

では、この課題やめあてを解決するために、どのような学びを進めていけばいいですか。

Q3 読み取りの不十分な子供に対してどのような手立てがありますか

A 教師の発問に対して反応が無かったり、ピントがずれた解答をしたり、ノートやワークに何を書けばよいか分からず頭を抱えていたりするなど、一斉授業では全員を上手く動かしていくことに難しさを感じるものです。そこには、やはり読解力不足があることは確かです。読解力が不足している子供の状況として、ディスレクシア（文字の読み書きに難しさを感じる状態を指す学習障害）が考えられる場合もありますが、一般的には、読むのが遅かったり、漢字（熟語）が読めなかったり、語や語句の意味が分からなかったりといった状況があります。そのような基礎学力の緩みがあると、文意や段落・場面の相互関係が理解できなかったり、文章の展開を捉えられなかったりして、書き手の要旨や意図にはたどり着かないといった状況に陥ってしまっています。

全国学力・学習状況調査によると、学力の高い子供は、①読書が好き、普段から読書をする、②新聞やテレビのニュースに関心がある、などの特徴があります。このご時世、大人を含めて活字離れが進んでいます。脱読解力不足は、活字にもっと触れることが第一義だと考えます。それを子供任せにするのでなく、意図的に活字に向かうような働きかけが必要です。教師は、教科書教材を正しく読むことだけに終始するのではなく、豊かに（楽しく）読む指導にも意を用いたいものです。決して正しさを軽視しているのではありません。正しさを求めることは豊かさにつながります。深い読みは、ある意味豊かな読みでもあります。豊かな読みを求めるとき、そこには正しい読みは必然です。それが、叙述に即して読むということであり、それは正しさと豊かさを包含します。豊かな読みを追究しようとするときに重要なことは、読むことに対する子供の困り感に目を向けることです。例えば、国語科の授業において次のような子供の声が聞こえてきませんか。

- 本や文章（活字・文字）をそもそも読みたくない。
- 本や文章を何度も読まされる意味が分からない。
- 読みたい本や文章が見つからない（探せない）。
- 本や文章（説明文・物語文）の読み方が分からない。
- 本や文章は結末が分かっていると感動がない。

こうした読むことの「五つのない」に対して、教師は国語科授業を不断に改善していくことが求められます。

一方、読み取りが不十分な子供には、根気強く、かつ様々な改善策を施しましょう。次は、明日からでも取り入れることができる、具体的な五つの手立てです。

●読み取りが苦手な子供への具体的な手立て

■音読や微音読で集中力と想像力を高め、速読へつなぐ

自分の声を自分で聞くことで集中力や想像力が高まります。自分のペースを大切にし、音読や微音読の速度も意図的に上げていきましょう。高学年にも有効です。

■読めない漢字や難語句は、その都度自主的に調べる

漢字を含め難語句は、漢字辞典や国語辞典、インターネットを活用してその都度調べる習慣を付けましょう。併せて、類語も記録しておくと語彙が増えていきます。

■文章を読む際、重要と考える言葉にマーキングする

教師の指示ではなく、日常的に文章を読む際は、説明文でも物語文でも自分なりに重要と考える言葉には、○印やサイドラインなどを付ける習慣を付けましょう。

■読み取ったことを絵柄や矢印など使って構造化する

段落や場面ごとの内容を表にまとめるだけでなく、一枚のシートに簡単な絵柄や矢印を使い、構造化することで、文章全体を俯瞰的に捉えることにつながります。

■目的の達成や課題の解決意識をもって何度も読み込む

筆者の立場で説明の工夫を捉える、空所や行間を想像するなどの目的や課題を明確にした多読は有効です。

読み取りの不十分な子供に対する手立て

学力の高い子供の特徴

- 読書が好き 普段から読書をする
- 新聞やテレビのニュースに関心がある

もっと読ませよう！活字に向かわせよう！

しかし…

読むことに対する子供の困り感「５つのない」

- 本や文章（活字・文字）をそもそも読みたくない
- 本や文章を何度も読まされる意味がわからない
- 読みたい本や文章が見つからない（探せない）
- 本や文章（物語文・説明文）の読み方がわからない
- 本や文章は結末が分かっていると感動がない

子供任せではなく、教師の意図的な働きかけを！

子供の困り感に目を向け、根気強く授業改善を！

- 音読や微音読で集中力と想像力を高め、速読へつなぐ
- 読めない漢字や難語句は、その都度自主的に調べる
- 文章を読む際、重要と考える言葉にマーキングする
- 読み取ったことを絵柄や矢印などを使って構造化する
- 目的の達成や課題の解決意識をもって何度も読み込む

Q4

説明的な文章を読む授業のパターン化を脱却したいのですが…

A

説明的な文章を読む過程は、学習指導要領で示されているとおり、「構造と内容の把握」「精査・解釈」「考えの形成」「共有」の4つの段階があります。これらを基に、各教科書会社は教材文の後に見開きで学習の進め方を丁寧に示しています。この進め方に即して授業を展開していくことが一般的でしょう。

一方、それでは説明的な文章の授業がパターン化してしまうという悩みも付きものです。それは、一読して文章を概観した後、形式段落に番号を付け、そのまとまりに注目して意味段落を捉え、全体の構造を「はじめ（序論）・中（本論）・おわり（結論）」に分けて押さえる。その後は、段落ごとに丁寧に読解していくという流れを全ての説明的な文章の読みに当てはめてしまうと、やはり授業がワンパターンになり、子供たちの読む意欲が減退しがちになるものです。

説明的な文章は、文学とは違い、事実に基づいています。自然科学や社会科学というノンフィクションへの興味を高め、感動のある授業を展開したいものです。楽しく、力の付く説明的な文章の指導のヒントを紹介します。

●既習の説明的な文章との比較から問いをつかむ

パターン化に陥るのは、説明的な文章が同じように見えていることが要因の一つです。取り上げている題材や事象の違いはもとより、文章全体の論の展開や説明の仕方にはそれぞれ特徴があります。それは、文章の種類や形態に影響されています。低学年は題材や事象の説明中心ですが、中学年になると実験や調査の報告の文章が含まれ、高学年になれば題材や事象の背景や意味を解説する文章や評論に近い意見を述べた文章も出てきます。

このことを踏まえ、単元の導入段階では、直近でも前学年分でもよいので、既習の説明的な文章（可能であれば複数）を提示して、文章全体の論の展開や説明の仕方を比較するとよいでしょう。そうすると、図表などの資料と関連付けたり、問題提示が繰り返されたり、自ら反論を示したりするなどの特徴に気付くことができます。文章の比較から読みの問いをつくってみましょう。

●重点となる指導事項の指導に時間をかける

前述したような導入を工夫すると、「構造と内容の把握」のために、毎回同じような表をつくって段落の要点を細部にわたってまとめていく活動や時間は短縮できます。各学年の最初の説明的な文章の指導では、「構造と内容の把握」を重視することはあってもよいですが、2本目以降は、「精査・解釈」や「考えの形成」の指導に力点を置いたほうがよいと考えます。この両方には「構造と内容の把握」は当然含まれますので、軽視するということではありません。

例えば、中学年では「精査・解釈」として要約の力が求められています。要約は目的に応じてそのまとめ方に違いが生まれます。全体の構成に即す場合もあれば、自分の興味や関心に沿ってまとめる場合もあります。いずれも提示される字数によっても簡単にあるいは詳しくまとめる必要があります。要約の力を付けるためには、その目的に応じて何度も繰り返し読み、条件に即して書く活動の時間を多く用意し、その指導を強化しましょう。

●設定する言語活動にパフォーマンスを取り入れる

パフォーマンスとは、「行動と成果」という意味があり、「表現」というより「披露」という概念で捉えます。成果物に固執せず、初読から読み進めて深く分かったことや考えたこと、関連教材や図書を追加して読んで発見したこと、既習の文章とは違う説明の特徴などを話し合ったり、文章にまとめたりして報告し合う活動の充実を図りましょう。

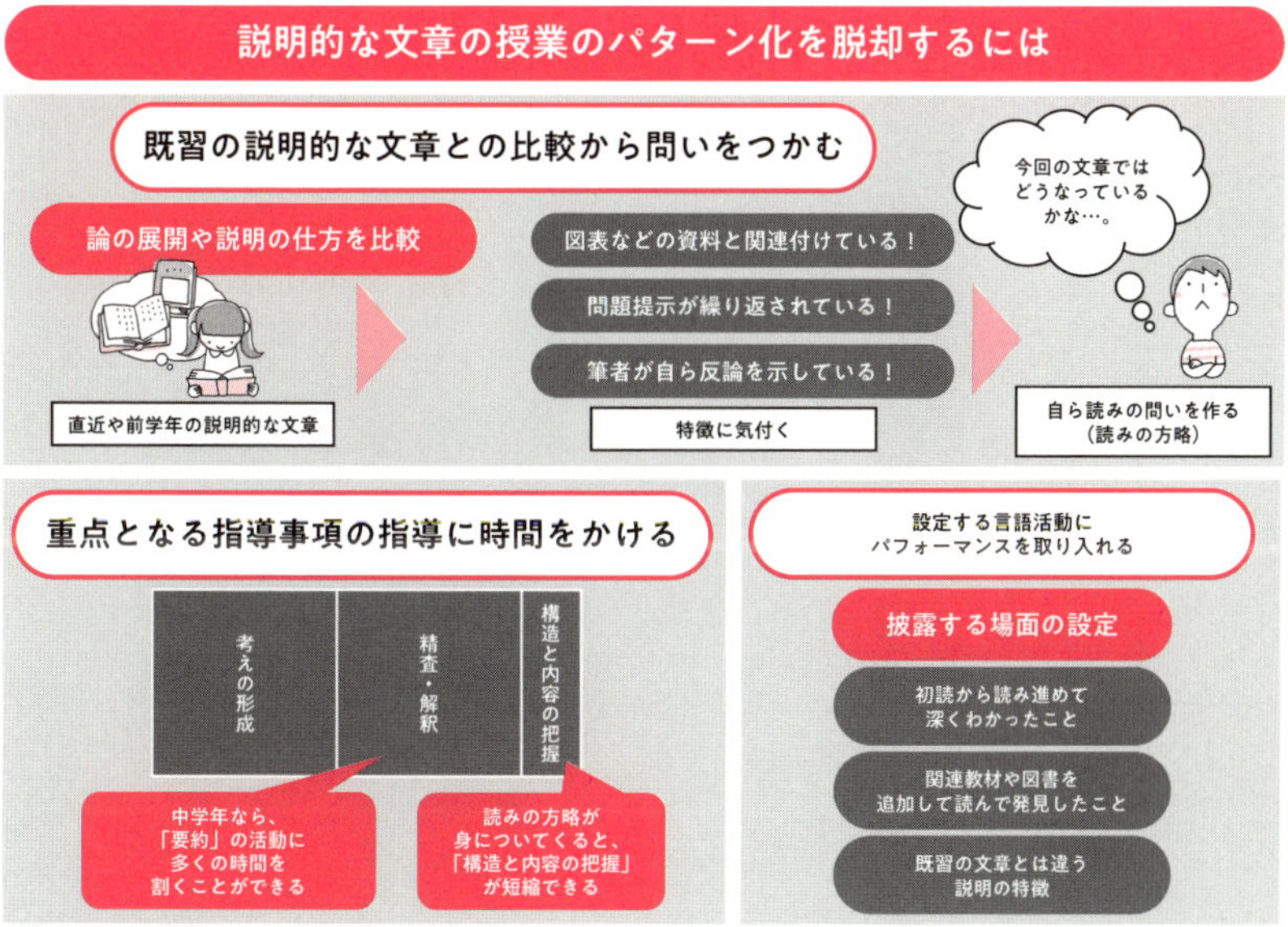

Q5 国語科で文学を読む意味や、基本的な授業の流し方を教えてください

A 文学を読むという行為は、虚構という一種の異物が日常に侵入してくるようなものです。それは非日常の世界に身を置くことになります。戦争を知らない私たちは、文学を読むことで戦争を知ることができます。そして、戦争を憎み、平和を希求します。つまり、文学を通してある虚構の世界に没入し、そこで架空の体験をしているのです。それを、「文学体験」と呼ぶことにしましょう。「文学体験」は、主に娯楽として読む場合が多く、一編の書籍は一回しか読まないことが多いかもしれません。

一方、国語科では同じ文学作品を何度も読みます（読まされます）。それは、なぜか。読むことを通して感性を磨き、教養を高める意味があるからです。感性や教養とは、人間や社会、自然などに関わる深い問いに真剣に対峙していくことで徐々に高まるものでありましょう。

●文学の特性

物語や小説の骨格は、「何かがある状態から、何かに出会って、反または超に状態が変わっていく」ことです。人物（主人公）に事件が起き、その人物（主人公）が変わっていくのです。作者は、人物が何かに出会って変わっていく過程を出来事の描写によって形象します。それを作品として創造していきます。読者は、描写を手がかりに出来事を脳裏に表象し、連続する小さな出来事を関連付けて、その意味を見いだしていきます。読者は作品を読む中で、その展開構造や描写の素晴らしさ、人物の変化に心を動かされて感動するのです。感動の中心は、人物に変化をもたらした「内容的価値」であり、それは作者が言わんとする「主題」と捉えることに近付くことができます。

●文学の授業の流れ（例）

作者と読者は共に虚構の世界における「文学体験」を行っています。それらをよりよく成立させることが文学の授業の要諦です。表象は多義的であるため、読者一人一人の多様な意味の創出を可能にします。概念では捉えがたいものを捉える方法（読みの方略）について自律的な読者を育てることが求められます。

次は、一般的な文学の授業の流れです。

①何を感じたか（読者としての感想、あるいは問い）。
②誰が変わったか（登場人物は大なり小なり変化する）。
③どのように変わったか（事件や情景の描写を丁寧に読

むことによって変化を読み取る）。

④なぜ（何によって）変わったか（作中の人、物、出来事を関係付ける読み。「なぜ」「何によって」の答えは多様になり、読みの深浅が生じる。読者の経験が反映するので、まずは人物への同化が前提となる）。

⑤どの表現が心に残ったか（心に残った表現を出し合い、話合いによってさらに読みは深まる）。

⑥主人公が変わったことについてどう思うか（自分の考えとは、同化から異化の流れをたどる）。

⑦初発の感想が変わった（あるいは変わらなかった）ことをどう思うか（作品世界を生きてきた後の自分を語ることで、自己の読みを批評する）。

国語科の学習用語は、文学の読みの能力を高めることにつながります。次は、作品の構造に関する学習用語の一例です。

・場面・繰り返し・あらすじ・事件（出来事）・語り手・視点・対比・主人公・視点人物・会話・心情・主題・挿絵・比喩・擬音語・擬態語・擬人化・色彩語・描写・倒置・伏線・暗示・象徴

小学校及び中学校学習指導要領解説国語編において、様々な学習用語を定義付けているので、まずは教師がそれらを確認し、子供にも提示していくとよいでしょう。

説明的な文章の授業のパターン化を脱却するには

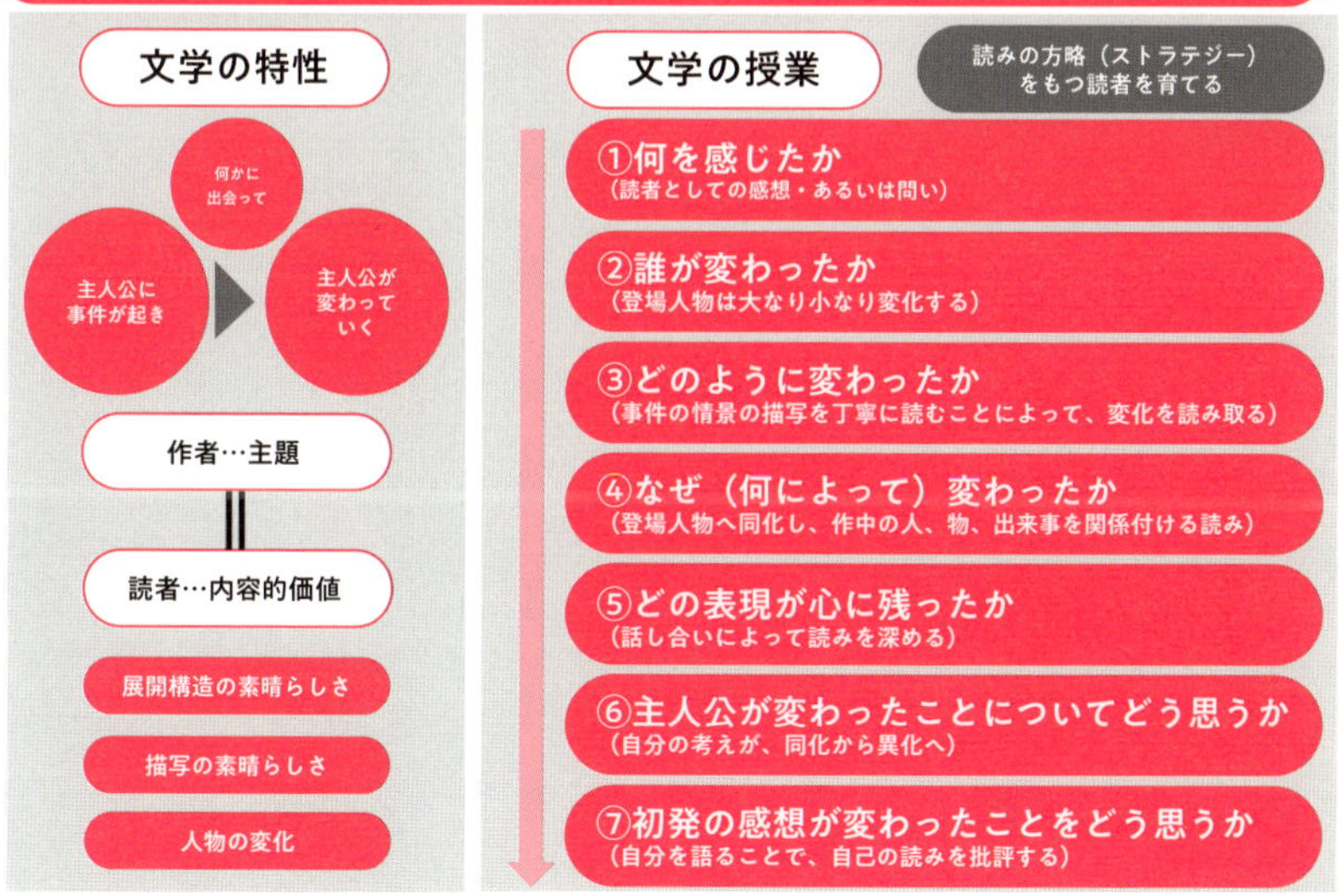
文学の特性
何かに出会って
主人公に事件が起き
主人公が変わっていく
作者…主題
読者…内容的価値
展開構造の素晴らしさ
描写の素晴らしさ
人物の変化
文学の授業
読みの方略（ストラテジー）をもつ読者を育てる
①何を感じたか
（読者としての感想・あるいは問い）
②誰が変わったか
（登場人物は大なり小なり変化する）
③どのように変わったか
（事件の情景の描写を丁寧に読むことによって、変化を読み取る）
④なぜ（何によって）変わったか
（登場人物へ同化し、作中の人、物、出来事を関係付ける読み）
⑤どの表現が心に残ったか
（話し合いによって読みを深める）
⑥主人公が変わったことについてどう思うか
（自分の考えが、同化から異化へ）
⑦初発の感想が変わったことをどう思うか
（自分を語ることで、自己の読みを批評する）

Q6

物語を読む指導では、教師の読みをどこまで伝えてもよいですか

A　「教師は文章（教材）を三度読め」と言ったのは、文法学者の永野賢です。なぜ、三度なのでしょうか。どのような読みを求めたのでしょうか。三度の1回目は〝読者〟として読む、2回目は研究者として読む、3回目は〝授業者〟として読む、というものです。

●読者として読む

教師である前に、まず一読者として作品の感動を大切にした読みを基盤に据えることです。不可解な箇所も当然湧き上がることでしょう。感想の中心は、「言語内容」です。「言語内容」とは、一つは主題（書き手の意図の推論）です。もう一つは人物像（人物の言動に表れる性格、生き方や在り方）がその要素になります。これを一般的には「内容的価値」と呼びます。読者は、「内容的価値」に対し、一定の考えが呼び起こされることになります。

●研究者として読む

教材（文章）を作品として捉え、その価値を分析的に読むということです。この場合、「言語形式」に着目することが中心です。「言語形式」とは、文章の展開構造及び表現の形式上の特徴がその要素となります。

●授業者として読む

授業に取り上げる学習材として捉え、子供がどのようなことを学ぶ必要があるかを検討しながら読むことになります。子供の実態はもとより、他の教材にはない学習材の特性を捉え、身に付けるべき学習指導要領の指導事項や設定する言語活動を検討しながら読むことです。

「三度」とは「三回」という意味ではなく、三者（三つの立場）から読むということです。それほどに、文章（教材）に精通せよとの教えであります。

このような前置きをして、質問である〝教師の読みをどこまで伝えてよいか〟に解答すると、とりあえずは、「教えられる、その全部」となりましょうか。

4年生の定番の名作「ごんぎつね」を例に考えてみたいと思います。この作品の冒頭は、「これは、わたしが小さい時に、村の茂平というおじいさんから聞いたお話です。」という一文から始まります。このわたしは、作家の新見南吉ではなく、作家によって創造された存在として捉えることが一般であり、物語世界に読者を導く役割をもつ、「語り手」と呼ばれます。

このわたし（語り手）が語ることにはどのような意味

があるのでしょうか。仮にこの冒頭の一文がなかったとしても、この作品のストーリーは変わりません。いたずらぎつねが兵十に撃たれて死ぬ話を、そもそも村の茂平というおじいさんは誰から聞いたのでしょうか。

この冒頭に着目すると、この「ごんぎつね」の話は、この村で語り継がれてきた伝承の物語であることに気付きます。わたし（語り手）は、ごんと呼ばれた、いたずらだけど心根のやさしいきつねが確かにいたことを語り継ぎたかったのでしょう。そして、南吉は、ごんぎつねの鎮魂の思いを後代に伝えたいと願ったのでしょう。

ある授業で、「村の茂平は、ごんぎつねのこの話を、誰に聞いたのか」という問いが持ち上がりました。ある子供が、加助だと答え、茂平は加助の知り合いだと想像しました。多くが賛同している中、別の子供が小さな声で、「兵十じゃないかなあ」とつぶやきました。教師が理由を求めると、「茂平の祖先は、兵十では…。兵十が後悔し、お墓を作って供養していた姿を茂平は見ていたのでは…」と答えたのです。

こうした子供の読みにも学びながら、**教師は教材の価値として伝えるべきことを探し（増やし）続けていくしかありません。先導者であり、伴走者でもある教師は、やはり三度の読みを繰り返していくしかありません。**

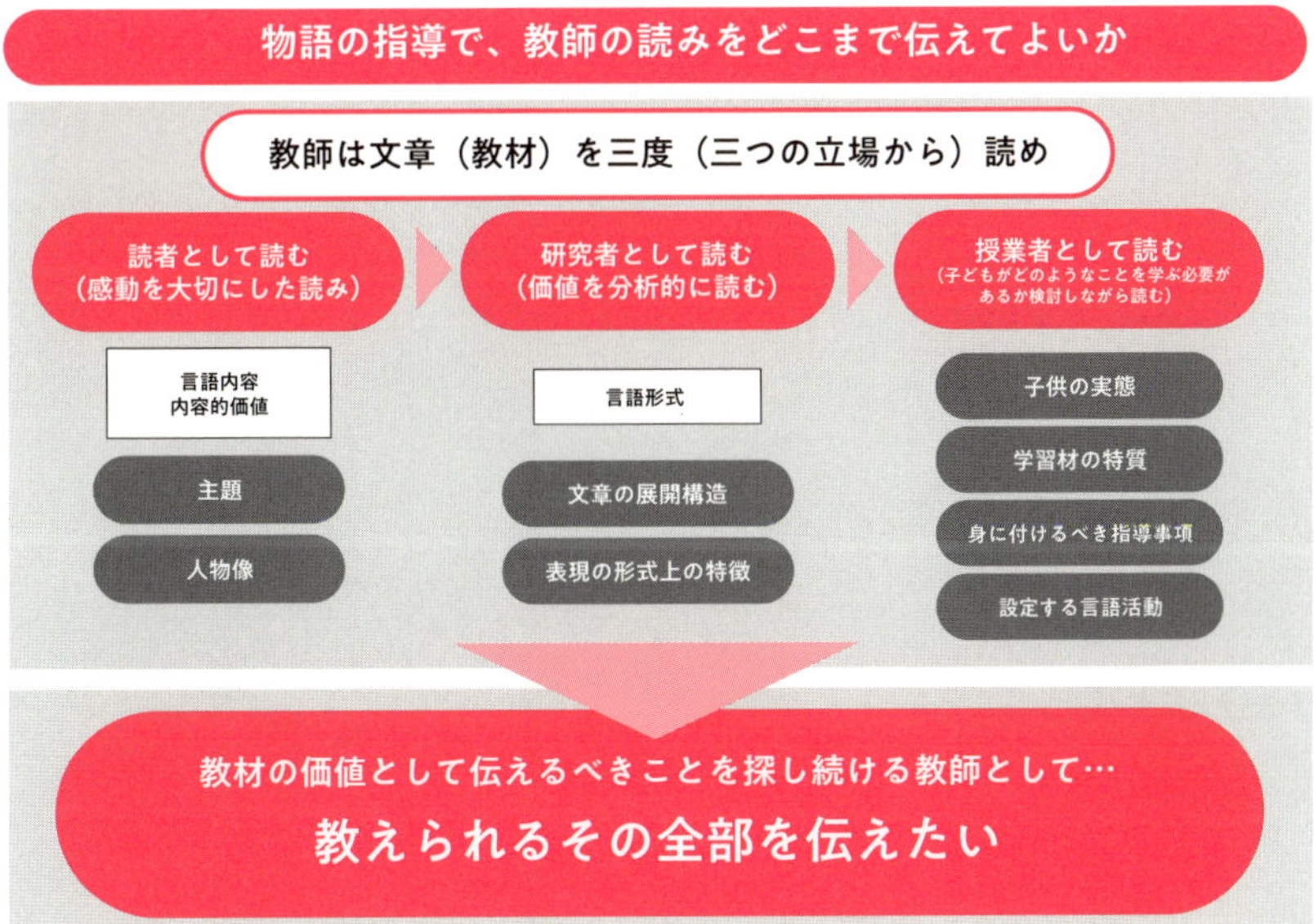

物語の指導で、教師の読みをどこまで伝えてよいか
教師は文章（教材）を三度（三つの立場から）読め
読者として読む（感動を大切にした読み）
研究者として読む（価値を分析的に読む）
授業者として読む（子どもがどのようなことを学ぶ必要があるか検討しながら読む）
言語内容
内容的価値
主題
人物像
言語形式
文章の展開構造
表現の形式上の特徴
子供の実態
学習材の特質
身に付けるべき指導事項
設定する言語活動
教材の価値として伝えるべきことを探し続ける教師として…
教えられるその全部を伝えたい

Q7 語彙の拡充を図る指導の工夫を教えてください

A 小学校低学年の学力差の大きな背景に語彙の量と質の違いがあることから、国語科は語彙指導に一層自覚的になることが求められています。

2024年度全国学力・学習状況調査の小学校国語の漢字の書きに、「きょうぎの作戦」の「きょうぎ」が出題されました。正答率は、四三・六％と低迷でした。誤答の中には、「競」の「立」の部分を「土」と書き、「口」の部分を「日」と書いたものがありました。漢字一つ一つを点画の細部まで習得していないことが分かります。「競技」を「技を競う」という訓読みで認識していれば正答率は少し上がったかもしれません。漢字は、語や語句のまとまりで意味をもつ語彙と捉えることが大切です。ちなみに、「きょうぎ」という漢字を何個書けますか。「協議」「狭義」「教義」までは書けそうですが、「経木」「供犠」は浮かばないかもしれません。漢字を含めた語彙は、親近度や使用頻度が影響します。国語科をはじめ各教科等の学習や実生活において習得している漢字は使うことが大切です。話や文章の中で使いこなせる語句の量を増やしていくことで、語彙の量から質へ高めることが重要です。

●様々な気持ちや経験を言葉で表す

「やばい」という言葉をよく耳にします。感情が激しく揺さぶられる状況を端的に表している言葉ですが、もっと多様な言葉に置き換えて使うことへ目を向けたいものです。例えば、カレーライスを食べた後の、「マジ、やばい」は、おいしかった意味を表していますが、何が、どのようにおいしかったのかを詳しく言葉にすることは、日常的に取り組める語彙指導です。この場合、「スパイシーなのにそれでいて辛過ぎず、コクがあってまろやか…」といった表現は子供には求めすぎですが、それでも、おいしい、まずい、やさしい、うれしいなど、その全てが「やばい」で済ませていたら、語彙力の向上はとうてい望めません。時に「もっと多くの言葉を使って、長い文章にして教えてください」と、気持ちや経験を冗長的に表現することを求めてよいと考えます。

●多くの言葉に出合う働きかけや読書を強化する

ある学級で、一年間を通して、心（気持ち）を表す言葉を教室に掲示していった実践があります。「ココロのぶどうの実」というタイトルを付け、子供たちが「前向き、意欲的、挑戦的、大胆、慎重、臆病…」等の言葉をカードに書いて貼っていくものです。こうしたアイデアを子供主体で検討させ、語句への関心を高めていきたいものです。中でも読書は極めて重要です。未知なる言葉と出合うとき、文脈に即してその意味を推察します。言葉を自然と獲得していくのです。読書は万能です。

●正しい言葉や漢字を使う習慣を付ける

日頃、使用している言葉がその場面において適切か否かを検討し、正しい意味をもつ言葉を使う習慣を身に付けていくことが大切です。例えば、「他山の石」とはどのような意味で使いますか。他人の「よい部分」を参考にする」のではなく、他人の「誤り」を参考にすることです。手本にするのは、負の側面なのです。似たような言葉に、「対岸の火事」があります。これは、自分に全く影響がないと捉えることです。手本にはならない意味で使います。こうしたことわざや四字熟語などを適切に使うことができるようにしたいものです。

デジタル社会が進展する中、文字の変換ミスがあふれています。パソコンやスマホで文をつくることが多くなる中で、正しい言葉や漢字を選ぶ、書く（打つ）、見直すことは日頃から留意しておくことが重要です。

様々な気持ちや経験を言葉で表す

カレーライスを食べた後の「マジ、やばい。」を、もっと多くの言葉を使って、長い文章にして教えてください。

→ もっと多様な言葉に置き換えて使うことへ目を向けさせる

多くの言葉に出会う働きかけや読書を強化する

ココロのぶどうの実

正しい言葉や漢字を使う習慣をつける

どのような意味で使いますか？

他山の石	他人の「誤り」を参考にすること。「負の側面」を手本にしている。
対岸の火事	自分に全く影響がないと捉えること。手本にならない意味で使う。

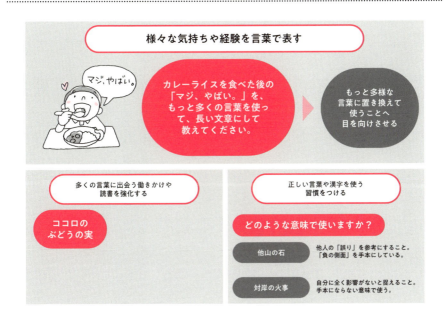

Q8 全ての子供が読書感想文を書けるようになる指導の仕方を知りたい

A 感想文の指導では、書くことを好きにさせるより、嫌いにさせないことが大切です。そのためには、まず、感想文は何のために書くのかを丁寧に伝えてください。

主なねらいは、感想文を書くことによって、自分の考えを確かめ、深められるからです。しかし、読書を通して心を動かされても、時が経てばその記憶は薄れてしまいます。読み返すことによって、いつでも「感動した自分」に出会うことができるのです。

書いた感想文は他者（審査員）に評価されることがあります。感想文の上手あるいは下手を決めることはとても難しいものです。コンクールでは、複数の観点に基づいて審査され、その優劣を決めることになります。それぞれの感動の質は、それぞれ違うわけですが、一般的には、読書を通し、「何を、どれほど掘り下げて考えたのか」「本の内容を自分に引き付けながら、自分自身にどのような変化が起きたのか」を書き込むことが重要な観点となります。また、上手な文章というとき、それは多くの読み手にその感動がよりよく伝わるか否かで判断されるものです。一定の感想文の型を知り、それを少しずつ破っていくとよいでしょう。

●**感想文の一定の型**

【はじめ】※今の自分

●ピアノは好きだけど、練習はきらい。

●友達とけんかばかり、悩んでばかり。

（例）わたしにはゆめがいっぱいあります。子供たちにいろんなことを教えてあげる先生。まどみちおさんみたいにみんなを楽しませる詩人。まほうつかいみたいに人をへんしんさせるとこ屋さん。どれにするか、今はまよっているけど、とてもわくわくします。でも、とつぜん、このゆめをうばわれてしまったら…。

【なか】※本との対話〈感動の中心〉

●主人公○○の～ときの「…」というセリフから～と考えた。自分も～ときのことを思い出した。

●自分は、主人公と同じようにできるだろうか。

【おわり】※これからの自分

●自分はこれからどのように行動していくのか。どんな人になりたいのか。

●大きな夢や目標ではなく、小さな一歩を具体的に。

（例）わたしは今、～に夢中です。主人公○○に出会い、～を始めることにしました。（その様子）～ときもありますが、そんなとき、主人公○○の…な言葉を思い出します。これからは、～していきたいと思います。

●構成メモ（付箋）の作り方

①この本を読んで一番心に残ったことを書く。

②「はじめ」と「おわり」に書く内容を付箋に書く。
何枚か書いて、つながりのよい内容を選んで貼る。

③「なか」の部分に、「はじめ」と「おわり」と関係がある場面を取り上げて、付箋に書く。（二・三枚）

④取り上げた場面のことについて、自分が思うこと、自分だったらどうするか。

●その他の例（「はじめ」「おわり」）

【はじめ】

●本との出合い
●本全体を通しての一番の感動
●主人公の印象的な行動や発した言葉

【おわり】

●主人公への手紙
●主人公が発した言葉

読書感想文は本の紹介ではありません。あくまで個人の感想です。ですから、本の内容は短めに、子供自身の今、未来を素直な心でたくさん伝えてほしいものです。

全ての子供が読書感想文を書ける指導

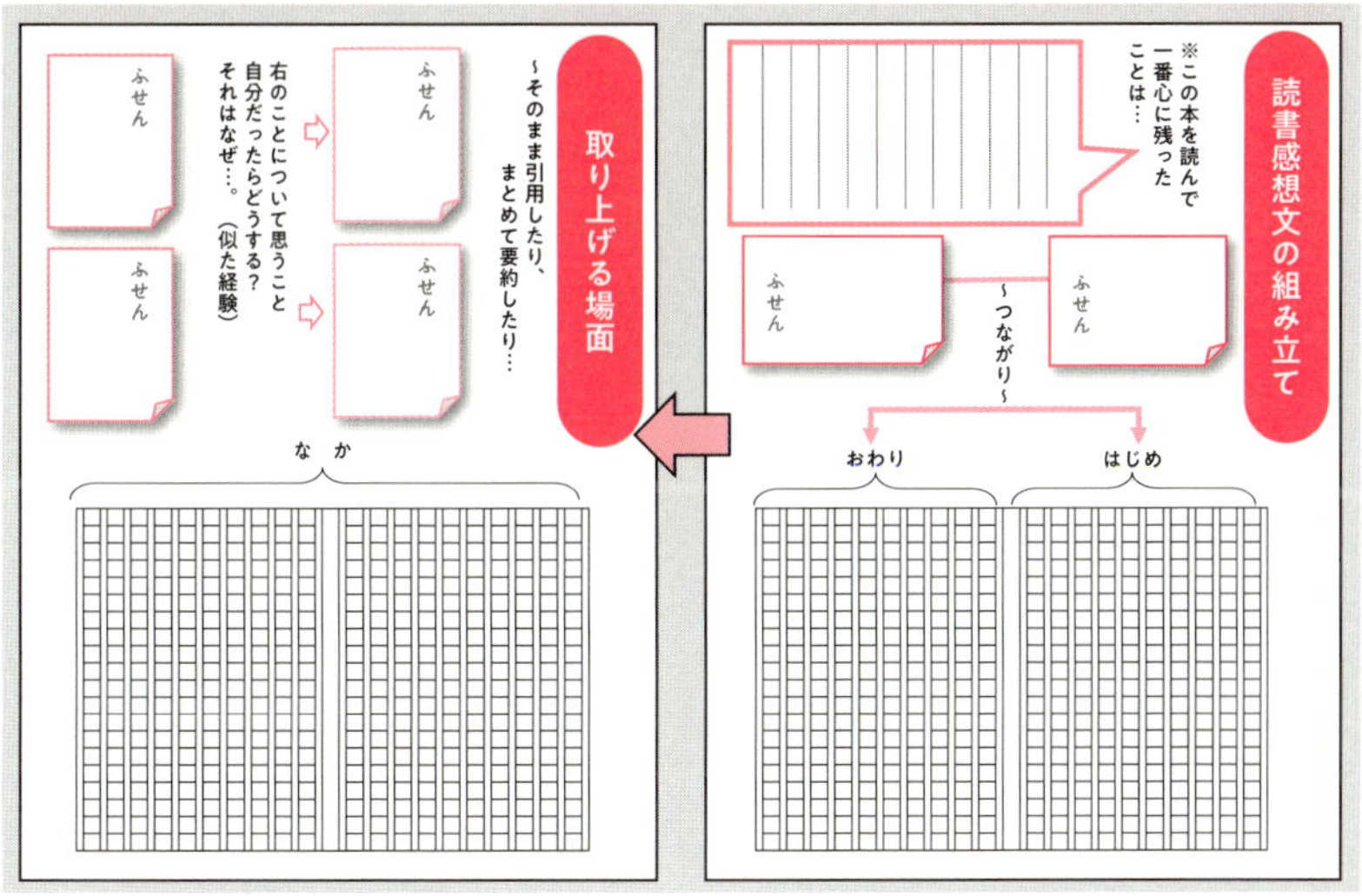

Q9 話合いを充実させるためにはどのようにしたらよいですか

A 話合いの充実は授業の成否を決めるといっても過言ではありません。国語科のみならず各教科等で日常的に行われる話合いの課題には次のようなものがあります。

◇話合いが終わらない（まとまらない）。
◇話合いが早く終わってしまう（代替案がない）。
◇話合いが停滞する（司会・進行がリードできない）。
◇話合いがかみ合わない（論点が明確でない）。
◇話合いが横道に逸れる（関係ない方向へ脱線する）。
◇話合いが感情的になる（相手を攻撃し合う）。
◇話合いが一部の意見（人）に引きずられる。
◇話合いが役に立たない（話し合わなくてもよい）。
◇話合いに参加していない（参加できていない）。

こうした課題の改善を図る手立てを次に整理します。

●話合いの主体（意志）

結論を導き出す場合、その主体は子供たち自身であり、意欲的に問題を解決しようとする姿勢を高め、建設的な話合いを構築しようとする態度を基盤に据えましょう。そして、最終的には話合いを全員で賛同できる方向に辿り着かせようとする意志の統一を重視しましょう。

◆具体的には、司会者とフロアが共同していく方法や技能、態度の指導を強化しましょう。「司会者の手引き」は一般的に作成されていますが、「フロアの手引き」もあると有効です。話合いの中途で、内容が横道に逸れたり停滞したり、一部の意見に引きずられたりするような状況に対し、その打開策をフロアから提起し、軌道修正することも大切です。フロアも司会者と一体となって問題に対処することが重要です。そのことが主体的かつ建設的な話合いの構築に寄与するという経験になります。

●話合いの形態（様式）

話合いとは、「対話・対談・説話・会話・会議・討議・討論・シンポジウム・バズセッション・パネルディスカッション、ディベートなど」を総称したものです。それぞれの形態（様式）に応じた指導が求められます。

◆具体的には、国語科の年間指導計画の中に、これらの形態（様式）を明記し、系統的・計画的に指導します。特に、現実の問題解決のための話合いではなく、ディベート等は、話合う方法を学ぶという観点からも意図的な指導が必要です。各ポイントをマニュアル化して子供に提示しましょう。

●話合いを取り巻く諸能力の育成

話合いは、単に繰り返すだけでは向上しません。次のような話合いを取り巻く諸能力を育成していくことが、話合いの能力を側面的に高めていくことになります。

◆その一として、話すことの指導において、【①短い時間内に要点だけを話す／②複数の事例を基に話す／③結論から先に述べ、理由や根拠を付加して話す】などの条件に即した話す指導を重視しましょう。

他方、聞くことの指導において、【①話の展開を予想しながら聞く／②話の内容の不足している点を考えながら聞く／③疑問に思うことをメモしながら聞く】などの指導を重視しましょう。

◆その二として、話合いのメタ認知力を高めましょう。メタ認知とは、【①自分の能力がどれくらいかを予測する／②自分が何をすべきかが分かる／③何をすれば最適な結果に至るかが分かる／④問題解決の実行過程を目標との関連で点検し、調節する】ことであります。

話合いのメタ認知力を高めるには、タブレット等で録画した話合いの様子を観察させ、第三者的な立場からよりよい話合いを目指す改善策を検討させるとよいでしょう。子どもたちは、視点や角度を変えることで新たな示唆を得、自覚的に改善へ向かうことができます。

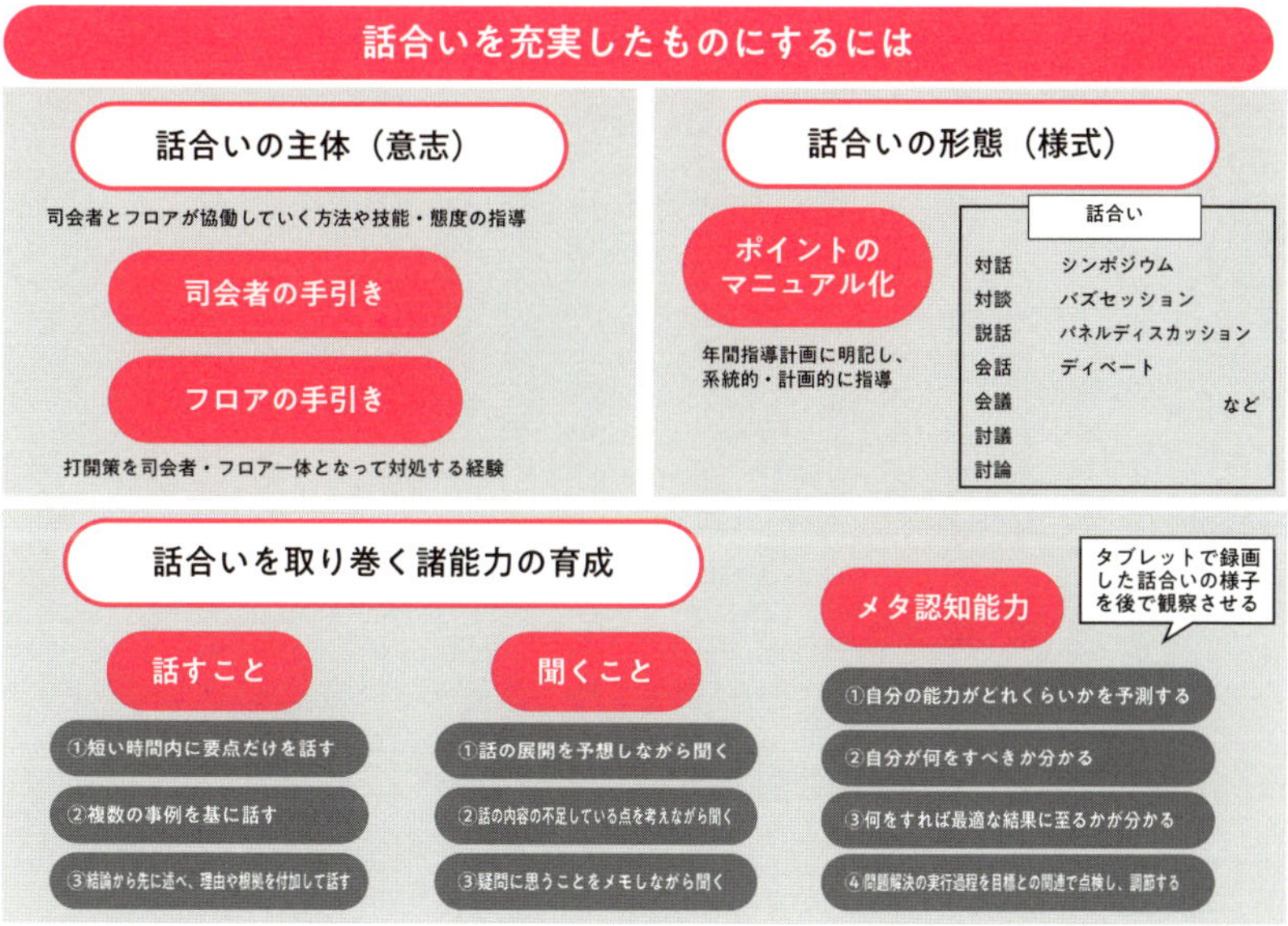

Q10

普段の授業では全国学力調査の問題は解けない気がしますが…

A 2019年度から、それまでの主として「知識」に関する問題（A問題）と、主として「活用」に関する問題（B問題）に分けた調査問題は、現在の学習指導要領の趣旨を踏まえ、A問題とB問題の区分を見直し、知識と活用を一体的に問うことにしています。具体的には、国語（算数・数学）については、例えば日常生活の場面と関連付けられた設定の下、大問の中で複数の小問が展開する構成とすることなど、自然に調査問題に表された学習過程に沿って解くことができる出題が工夫されています。問題は、学習指導要領に示される目標や内容等を正しく理解するよう促すとともに、今後重視される資質・能力を子供たちに身に付けてほしいといった国としての具体的なメッセージを示しています。

このように捉えると、全国学力調査の問題は決して特別なものではありません。学習指導要領を基に検定済の教科書を使用した普段の授業を確実に行っていれば、十分太刀打ちできると考えます。ただし、調査問題の設計には特徴があるので、それらを理解し、日々の授業づくりの中で意識しておくことが重要になります。

●一定の時間内に複数の資料や情報を処理する

調査問題には、縦書き・横書きを問わず、多彩なジャンルの多様な情報（説明文、会話文、内言、インタビュー記事、写真、図表、グラフ、イラスト等）が盛り込まれています。それを一定の時間内に処理する必要があります。日頃の授業と比べると、子供たちは情報量が少し多いと感じるのではないでしょうか。複数の大問それぞれに、設定された状況を理解し、問題の登場人物と同じように問題を解決していくわけですから、思考の切り替えも必要です。日々の授業においては、今後一層、長い文章や複数の資料・情報を一気に読解し処理するような課題を設定していきましょう。

●条件が付与された記述式問題に正対する

全国学力調査では、記述式問題が出題され、そこには条件が付与される場合もあります。条件は、授業では読解や記述のポイントと重なります。授業では、個人の自由な思考や判断を大切にし、こうした条件で絞らない（事前に提示しない）こともあります。自由な思考や判断を大切に対話を通して、必要不可欠なポイントを協働的に見つけていくことは重要です。しかし、全国学力調査は限りある時間の中で、一定量の問題を解決しなければなりません。日々の授業において記述を求める際、目的に応じた条件を具体的に提示することを推奨します。

●物事を多面的に思考し、建設的かつ批判的に読む

問題の中には、「あなた」の考えが問われるものがあります。その場合、問題に登場する人物と同じ立場、あるいは違う立場に立って多面的に思考する必要があります。その上で、建設的に解答を組み立て、自分なりに判断した結果を解答にまとめていくことになります。時に批判的な思考も必要になります。このような思考は日々の授業の中でも行っていることではありましょうが、それを子供一人一人が一層自律的に行うことが重要です。

全国学力調査（国語、算数・数学）は、令和9年度からCBT（パソコンやタブレットで解答する方式）に移行する予定です。そこでは、デジタル表示される言語や記号、画像（静止画・動画）等を読解していくことが求められていきます。文章を読んでクリックして、答えをドラッグ&ドロップといった作業やタイピングでの解答が求められていくことでしょう。今後も全国学力調査から送られるメッセージを受け止めながら、日々の授業をアップデートしていくことが重要です。

全国学力調査の問題と普段の授業とのリンク（積ませたい経験）

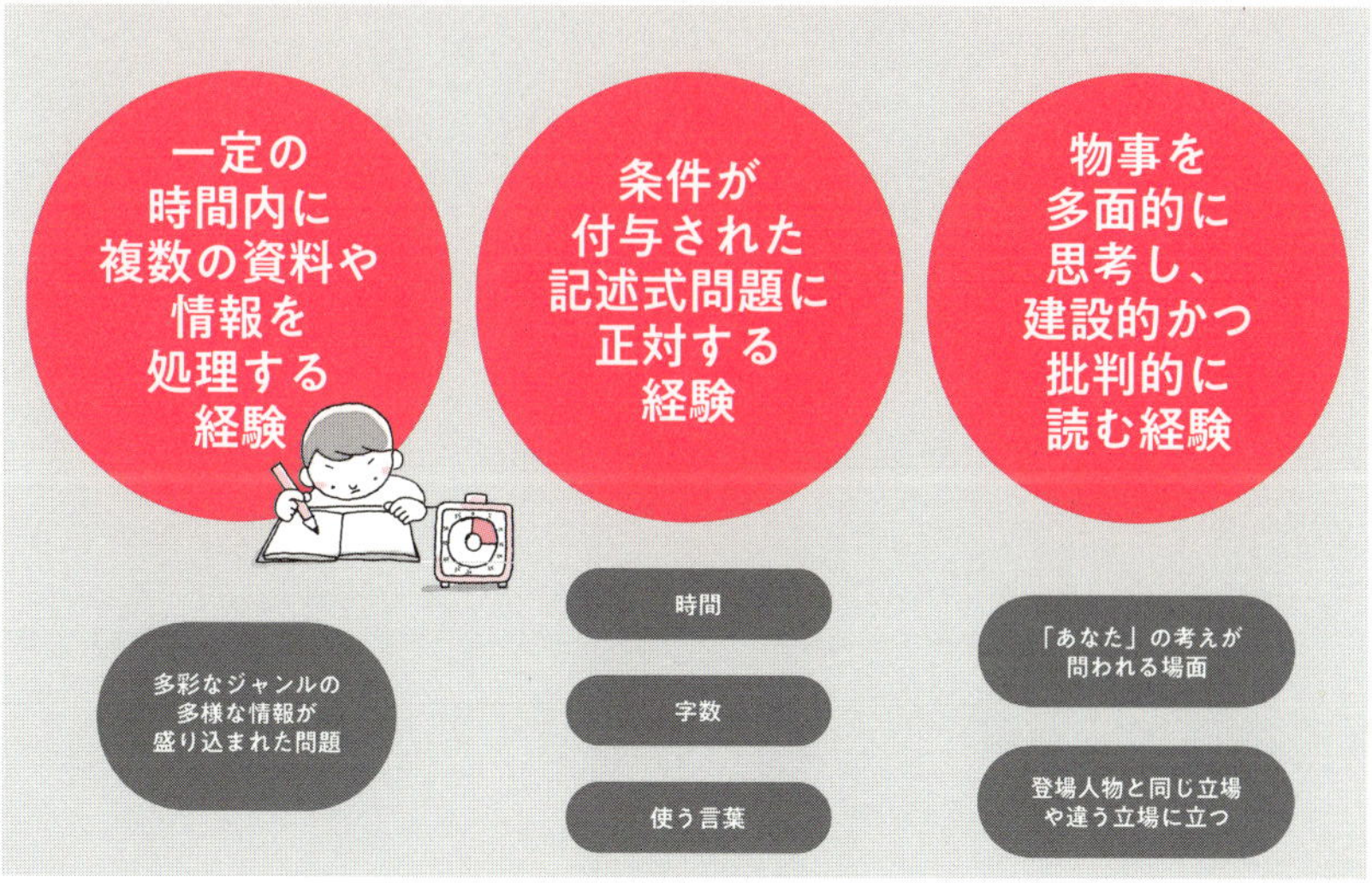
一定の時間内に複数の資料や情報を処理する経験
多彩なジャンルの多様な情報が盛り込まれた問題
条件が付与された記述式問題に正対する経験
時間
字数
使う言葉
物事を多面的に思考し、建設的かつ批判的に読む経験
「あなた」の考えが問われる場面
登場人物と同じ立場や違う立場に立つ

〈付録〉小学校国語科の目標、指導事項、言語活動例の用語解説（定義）

小学校学習指導要領（平成29年告示）解説　国語編より抜粋

■国語科の目標

◇国語で正確に理解し適切に表現する資質・能力

　国語で表現された内容や事柄を正確に理解する資質・能力、国語を使って内容や事柄を適切に表現する資質・能力であるが、そのために必要となる国語の使い方を正確に理解する資質・能力、国語を適切に使う資質・能力を含んだものである。

◇言葉による見方・考え方を働かせる

　児童が学習の中で、対象と言葉、言葉と言葉との関係を、言葉の意味、働き、使い方等に着目して捉えたり問い直したりして、言葉への自覚を高めることである。

◇伝え合う力を高める

　人間と人間との関係の中で、互いの立場や考えを尊重し、言語を通して正確に理解したり適切に表現したりする力を高めることである。

◇思考力や想像力を養う

　言語を手掛かりとしながら論理的に思考する力や豊かに想像する力を養うことである。

◇言語感覚

　言語で理解したり表現したりする際の正誤・適否・美醜などについての感覚のことである。

■知識及び技能

(1)　言葉の特徴や使い方に関する事項

〔第1・2学年〕

◇音節と文字との関係

　平仮名や片仮名における音節（拍）と文字との関係のことを示している。

◇片仮名で書く語の種類を知り、文や文章の中で使うこと

　擬声語や擬態語、外国の地名や人名、外来語など片仮名で書く語がどのような種類の語であるかを知り、実際に文や文章の中で片仮名を使うことを示している。

◇漸次書き、文や文章の中で使う

　学習した漢字を習得できるように少しずつ書くことを積み重ねるとともに、文や文章で使うようにすることである。

◇身近なことを表す語句

　日常生活や学校生活で用いる言葉、周りの人について表す言葉、事物や体験したことを表す言葉などを指す。

◇意味による語句のまとまり

　ある語句を中心として、同義語や類義語、対義語など、その語句と様々な意味関係にある語句が集まって構成している集合である。

る。

◇語彙を豊かにする

自分の語彙を量と質の両面から充実させることである。

◇主語と述語との関係

主語と述語の適切な係り受けのことである。例えば、「昨日、私は、母がおやつにクッキーを焼いてくれました。」のように「私は」に対する述語が示されないといったことがないように、主語と述語を適切に対応させることが必要である。

◇敬体

文末が「です」、「ます」又は「でした」、「ました」などのようになる文体である。

〔第3・4学年〕

◇考えたことや思ったことを表す働き

思考や感情を表出する働きと他者に伝える働きの両方を含むものである。

◇言葉の抑揚や強弱

話す際の声の調子の上げ下げや強弱のことである。身振りや表情などとともに、話の伝わり方に大きな影響を与える要素である。

◇漢字と仮名を用いた表記を理解する

文字としての性質や役割の異なる漢字や仮名を交ぜて書く「漢字仮名交じり文」という日本語の表記の仕方やその利点を理解することである。

◇改行の仕方を理解して文や文章の中で使う

段落の始め、会話部分などの必要な箇所について行を改めて書くことを示している。

◇日常使われている簡単な単語

地名や人名などの固有名詞を含めた、児童が日常目にする簡単な単語のことである。

◇様子や行動、気持ちや性格を表す語句

事柄や人物などの様子や特徴を表す語句、人物などの行動や気持ち、性格を表す語句などを指す。

◇性質や役割による語句のまとまりがあることを理解する

様々な語句を、その特徴や使い方によって類別して捉えるということである。

◇性質による語句のまとまり

物の名前を表す語句や、動きを表す語句、様子を表す語句などのまとまりのことである。

◇役割による語句のまとまり

文の主語になる語句、述語になる語句、修飾する語句などのまとまりのことである。

◇指示する語句

物事を指し示す役割をもつ語句のことである。

◇接続する語句
前後の文節や文などをつなぐ働きをもつ語句のことである。
◇常体
文末が「である」、「だ」又は「であった」、「だった」などのようになる文体である。

〔第5・6学年〕
◇漢字と仮名を適切に使い分ける
「漢字仮名交じり文」という日本語の表記の仕方を踏まえ、文や文章の読みやすさや意味の通りやすさを考えて、漢字と仮名を適切に使い分けることである。
◇思考に関わる語句
「しかし」のように情報と情報との関係を表す語句、「要するに」のように情報全体の中でその情報がどのような位置付けにあるのかを示唆する語句、「考える」、「だろう」のように文の中の述部などとして表れる思考そのものに関わる語句などを指す。
◇語感や言葉の使い方に対する感覚
言葉や文、文章について、その正しさや適切さを判断したり、美しさ、柔らかさ、リズムなどを感じ取ったりする感覚のことである。

◇文の中での語句の係り方
主語と述語との関係、修飾と被修飾との関係に加え、文の書き出しと文末表現の関係などを含めた文の中の語句と語句との係り受けのことを指している。
◇語順について理解する
述語が文末に位置することが多かったり、文の成分の順序が比較的柔軟であったりする日本語の語順の特徴を理解することを指している。
◇文と文との接続の関係
前の文と後の文とのつながりのことである。
◇話や文章の構成や展開
「始め―中―終わり」、「序論―本論―結論」や頭括型、尾括型、双括型などの、話や文章の組立てや説明などにおける論の進め方のことである。
◇話や文章の種類とその特徴
紹介、提案、推薦、案内、解説、物語など、日常生活で児童が触れることの多い話や文章の種類とその特徴のことである。
◇表現の工夫
比喩や反復など修辞法に関する表現の工夫のことである。
◇比喩
あるものを別のものにたとえて表現することである。

◇反復
同一又は類似した表現を繰り返すことである。

(2) 情報の扱い方に関する事項

〔第1・2学年〕

◇共通する関係を理解する
事柄同士の中から同じ点を見いだしたり、そのことによって共通であることを認識したりすることである。

◇相違する関係を理解する
事柄同士の様子や特徴などについて違う点を見いだしたり、そのことによって相違していることを認識したりすることである。

◇事柄の順序の関係を理解する
複数の事柄などが一定の観点に基づいて順序付けられていることを認識することである。

〔第3・4学年〕

◇理由
なぜそのような考えをもつのかを説明するものである。

◇事例
考えをより具体的に説明するために挙げられた事柄や内容のことである。

◇中心
話や文章の中心的な部分のことである。

◇比較
複数の情報を比べることである。

◇分類
複数の情報を共通な性質に基づいて分けることである。

◇引用
本や文章の一節や文、語句などをそのまま抜き出すことである。

◇出典
引用元の書物や典拠などを指す。

〔第5・6学年〕

◇原因
ある物事や状態を引き起こすもとになるものを指す。

◇結果
ある原因によってもたらされた事柄や状態を指す。

◇図などによる語句と語句との関係の表し方
複数の語句を丸や四角で囲んだり、語句と語句を線でつないだりするなど、図示することによって情報を整理することを指している。

(3) 我が国の言語文化に関する事項

〔第1・2学年〕

◇言葉の豊かさに気付く

言葉のリズムを楽しんだり、言葉を用いて発想を広げたり、言葉を通して人と触れ合ったりするなど、言葉のもつよさを十分に実感することである。

◇姿勢

文字を書くときの体の構えのことである。背筋を伸ばした状態で体を安定させ、書く位置と目の距離を適度に取り、筆記具を持ったときに筆先が見えるようにすることが重要である。

◇点画

文字を構成する「横画、縦画、左払い、右払い、折れ、曲がり、そり、点」などのことである。

◇点画の書き方

点画の始筆から送筆、さらに、終筆（とめ、はめ、はらい）までの筆記具の運び方のことである。

◇文字の形

点画の積み重ねによって形成される文字のおおよその形（概形）のことである。

◇筆順

文字を書き進める際の合理的な順序が習慣化したもののことである。

◇接し方や交わり方

二つの点画がどの位置で接したり交わったりすべきかといった点画相互の位置関係のことを指す。

◇長短や方向

点画の長さや向きに関する点画相互の関係性のことである。

〔第3・4学年〕

◇易しい

意味内容が容易に理解できるということである。

◇文語調

日常の話し言葉とは異なった特色をもつ言語体系で書かれた文章の調子のことである。

◇文字の組立て方

点画の組立て方から部首や部分相互の組立て方までを指すが、ここでは主に後者に重点を置いている。

◇形を整えて書く

第1学年及び第2学年で指導した文字のおおよその形（概形）を意識するとともに、一つの文字の構成要素となる部分相互が等間隔であること、左右対称であること、同一方向であることなどを考えて書くことである。

◇漢字や仮名の大きさ

漢字と漢字、漢字と仮名、仮名と仮名との相互のつくり合いから生じる相対的な大きさのことである。

◇配列に注意して

行の中心や行と行との間、文字と文字との間がそろっているかなど文字列及び複数の文字列に注意してということである。

◇筆圧

筆記具から用紙に加わる力のことである。

◇幅広く読書に親しむ

多様な本や文章があることを知り、読書する本や文章の種類、分野、活用の仕方など、自分の読書の幅を広げていくことである。

〔第5・6学年〕

◇親しみやすい古文や漢文、近代以降の文語調の文章

児童が、言葉のリズムを実感しながら読めるもの、音読することによって内容の大体を知ることができるような親しみやすい範囲のものを指す。

◇古典について解説した文章

昔の人々の生活や文化、世の中の様子など、古典の背景について易しく解説したものである。

◇語句の由来などに関心をもつ

語源や、その語がどのようにして伝わってきたのかなどについて関心をもつことができるようにすることである。

◇時間の経過による言葉の変化に気付く

伝統的な言語文化に触れるうちに、古典などの言葉には、自分たちが普段使っている言葉とは異なる言葉があることや、それは、言葉が時間の経過によって変化したためであることに気付くことである。

◇世代による言葉の違い

年配者と、年少者や若者には、それぞれの世代に特有の言葉遣いがあることを指す。

◇用紙全体との関係の用紙

原稿用紙や便箋などの書式に対応した用紙、半紙、画用紙や模造紙などの白紙に始まり、それらに準ずる布や金属、ガラスなどといった用材全般のことを指す。

◇書く速さを意識して

書く場面の状況によって速さが決まってくることを意識することである。

◇日常的に読書に親しむ

読書の楽しさや有効性を実感しながら、日常生活の中で主体的、継続的に読書を行うことである。

◇読書が、自分の考えを広げることなどに役立つことに気付く

読書によって多様な視点から物事を考えることができるようになることに気付くことである。

■思考力、判断力、表現力等

A　話すこと・聞くこと

(1)　話すこと・聞くことに関する事項

〔第1・2学年〕

◇話題を決める

身近なことや経験したことなどの中から話題にしたいものを想起し、児童の興味や関心の度合い、伝えたい思いの強さを手掛かりにして一つに決めることである。

◇伝え合うために必要な事柄を選ぶ

話題として決めた身近なことや経験したことなどに関連する事柄を具体的に思い出し、必要な事柄に絞っていくことである。

◇相手に伝わるように

聞き手を意識して、聞き手に伝わるかどうかを想像しながら話の構成を考えることである。

◇話す事柄の順序を考える

話の内容が相手に伝わるようにするにはどのような順序を踏まえればよいのかを考えることである。

◇伝えたい事柄に応じて声の大きさや速さを工夫する

自分が話す内容を確かめ、何を伝えたいのかを意識した上で、声の大きさや速さについて工夫することである。

◇相手に応じて声の大きさや速さを工夫する

聞き手の人数や聞き手との距離などを踏まえ、聞き手に届く声量や、音声が明確に聞こえる速さで話すことである。

◇話し手が知らせたいことを落とさないように集中して聞く

話し手が自分に知らせたいことは何か考えながら聞くことである。

◇自分が聞きたいことを落とさないように集中して聞く

自分にとって大事なことや知りたいことを落とさずに聞くことである。

◇互いの話に関心をもち、相手の発言を受けて話をつなぐ

互いの話に関心をもって聞き、話の内容を理解した上で話題に沿って話したり、再び聞いたりすることである。

〔第3・4学年〕

◇比較したり分類したりする

集めた材料を、共通点や相違点に着目しながら比べたり、共通する性質に基づいて分けたりすることである。

◇相手に伝わるように、理由や事例などを挙げる

伝えたいことがよく伝わるよう、相手のことを踏まえ

て理由や事例を選んでいくことである。

◇話の中心が明確になるよう話の構成を考える

自分の伝えたいことの中心が聞き手に分かりやすくなるよう話の構成を考えることである。

◇話の中心や話す場面を意識して話す

話の中心を明確に捉えて話すとともに、相手との親疎やその人数、目的や場の状況などを意識し、声の出し方や言葉遣い、視線などに気を付けて話すことである。

◇必要なことを記録したり質問したりしながら聞く

目的に応じて必要な内容を記録したり、聞いた事柄を基に分からない点や確かめたい点を質問したりすることである。

◇目的や進め方を確認して話し合う

話合いの目的や目指す到達点、そこに向かう話合いの進め方などを確認して、話し合う目的や必要性を意識して話合いを進めることである。

◇司会の役割

話合いがまとまるように進行していくことである。

◇互いの意見の共通点や相違点に着目して、考えをまとめる

互いの意見の共通点や相違点に着目し、一つの結論を出したり、話し合われたことに対する自分の考えをまとめたりすることである。

〔第5・6学年〕

◇目的や意図に応じる

第3学年及び第4学年で意識してきた目的に加え、場面や状況を考慮することなども含んだものである。

◇集めた材料を分類したり関係付けたりする

集めた材料を話す目的や意図に応じて内容ごとにまとめたり、それらを互いに結び付けて関係を明確にしたりすることである。

◇話の内容が明確になるようにする

自分の立場や結論などが明確になるよう話の内容を構成することである。

◇資料を活用する

音声言語だけでは聞き手が理解しにくかったり、誤解を招きそうだったりする場合などに、資料を使いながら話すことである。

◇話し手の目的に応じて話の内容を捉える

話の目的は何か、自分に伝えたいことは何か、共に考えたいことは何かなどを踏まえて、話の内容を十分に聞き取ることである。

◇話し手の考えと比較しながら、自分の考えをまとめる

話し手の考えと自分の考えとを比較して共通点や相違点を整理したり、共感した内容や納得した事例を取り上げたりして、自分の考えをまとめることである。

◇互いの立場を明確にする

話題に対してどのような考えをもっているかを互いに明らかにすることである。

◇意図を明確にする

話合いを通して何を達成しようとするのかということに加えて、相手や目的、状況などを踏まえながら、どのように話し合うのかといった話合いの方法に関する意識を明確にすることである。

◇計画的に話し合う

話合いを始める前に、話合いの内容、順序、時間配分等を事前に検討することに加えて、意見を一つにまとめるために話し合うのか、互いの考えを広げるために話し合うのかといった話合いの目的や方向性を検討することも含んでいる。

◇考えを広げたりまとめたりする

話合いを通して様々な視点から検討し、自分の考えを広げたり、互いの意見の共通点や相違点、利点や問題点等をまとめたりすることである。

(2) 話すこと・聞くことの言語活動例

〔第1・2学年〕

◇紹介

聞き手が知らないことや知りたいと思っていることを伝えることである。

◇報告

見たことや聞いたことなどの事実や出来事を伝えることである。

◇説明

見たことや聞いたことなどの内容を相手に分かるようにして伝えることである。

◇声に出して確かめる

話し手の伝えたかったことを確認したり、聞き手が興味をもったことについて話し手の発言内容を繰り返したりすることである。

〔第3・4学年〕

◇説明や報告など調べたことを話す

例えば、各教科等で行う観察や実験、調査などの経過や結論などをまとめて、聞き手に分かりやすく伝えたり発表したりすることである。

◇それらを聞いたりする

必要なことを記録したり質問したりしながら聞き、話の内容を捉えることである。

◇情報を集めるために質問する

事前に自分が知りたいことを考え、尋ねることである。

〔第5・6学年〕

◇提案

聞き手に何らかの行動を促すために自分の考えを示し、意見を求めることである。

◇情報を集めるためにインタビューをする

目的をもって特定の相手に質問し、必要な情報を聞き出すことである。

◇それぞれの立場から話し合う

賛成又は反対などのそれぞれの立場を明らかにした上で考えを述べ合い、互いの考えを基にして、考えを広げたりまとめたりすることである。

B　書くこと

(1)　書くことに関する事項

〔第1・2学年〕

◇書くことを見付ける

経験したことや想像したことなどを想起し、それらの中から書きたいことや伝えたいことを見いだすことである。

◇必要な事柄を集めたり確かめたりすること

書くための材料を収集することである。

◇事柄の順序に沿って簡単な構成を考える

集めた事柄の順序に沿いながら、文章の始めから終わりまでを、内容のまとまりごとに、幾つかに分けて配置していくことを意識することである。

◇語と語や文と文との続き方に注意する

前後の語句や文のつながりを大切にし、一文の意味が明確になるように語と語との続き方を考えるとともに、離れたところにある語と語や文と文とのつながりについても考えて記述することである。

◇内容のまとまりが分かるように書き表し方を工夫する

順序に沿って考えた構成を基に、内容が混在しないようにまとまりを明確にした記述の仕方を工夫することである。

◇自分の文章の内容や表現のよいところ

内容や記述などにおいて見られる具体的なよさのことである。

〔第3・4学年〕

◇相手や目的を意識して

題材を設定したり情報を収集したりする際に、不特定多数の人に対して文章を書くのか、特定の人に対して文章を書くのか、何のために書くのか、読み手はどのようなことを知りたいのかなど、文章を書く相手や目的を念頭に置くことである。

◇材料
伝え合う内容を構成する体験や、本や文章を調べたり聞いたりすることによって得た情報のことであり、書く内容を考える際の素材となるものである。
◇集めた材料を比較したり分類したりする
集めた材料を、共通点や相違点に着目しながら比べたり、共通する性質に基づいて分けたりして、伝えたいことが明確になるように書く材料を整理することである。
◇書く内容の中心を明確にする
文章の構成を考えるに当たり、書こうとしている材料の中から、中心に述べたいことを一つに絞ることである。
◇段落相互の関係に注意して文章の構成を考える
書く文章の種類や特徴を踏まえ、段落と段落との関係に気を付けて文章の構成を考えることである。
◇事例
書き手の考えをより具体的に説明するために挙げられた事柄や内容のことである。
◇相手や目的を意識した表現になっているかを確かめる
書く相手や目的に照らして、構成や書き表し方が適切なものとなっているかを確かめることである。
◇文章に対する感想や意見を伝え合う
互いの書いた文章を読み合ったり音読し合ったりして、その内容や表現について、感想や意見を述べ合うことである。

〔第5・6学年〕
◇目的や意図に応じて書く
第3学年及び第4学年で意識してきた相手や目的に加え、場面や状況を考慮することなども含んだものである。
◇感じたことや考えたことなどから書くことを選ぶ
家庭や地域、学校生活での学習などで感じたり考えたりしたことから選択して書く題材を決めることである。
◇集めた材料を分類したり関係付けたりする
集めた材料を書く目的や意図に応じて内容ごとにまとめたり、それらを互いに結び付けて関係を明確にしたりすることである。
◇筋道の通った文章
相手に分かりやすく伝わるように、伝えたいことや知らせたいことを明確にし、首尾一貫した展開となるよう、論の進め方に注意して組み立てた文章のことである。
◇目的や意図に応じて簡単に書いたり詳しく書いたりする
書く目的や意図を明確にした上で、詳しく書く必要のある場合や簡単に書いた方が効果的である場合などを判断しながら書き表し方を工夫することである。

◇引用して書く

本や文章などから必要な語句や文を抜き出して書くことである。

◇文章全体の構成や展開が明確になっているかなど、文章に対する感想や意見を伝え合う

互いの書いた文章を読み合い、目的や意図に応じた文章の構成や展開になっているかなどについて、具体的に感想や意見を述べ合うことである。

(2) 書くことの言語活動例

〔第1・2学年〕

◇報告

見たことや聞いたことなどの事実や出来事を伝えることである。

◇記録

事実や事柄、経験したことや見聞きしたことなどについて、メモを取ったり、文章として正確に書き残したりすることである。

◇日記

日々の出来事や感想などを記録したものである。

◇手紙

特定の相手に対し、用件や気持ちなどを文章で伝えるものである。

◇簡単な物語をつくる

想像したことなどから、登場人物を決め、簡単なお話を書くことである。

〔第3・4学年〕

◇事実やそれを基に考えたことを書く

自分の考えと、それを支える理由や事例としての事実との関係を明確にして書くことである。

〔第5・6学年〕

◇事象を説明する文章を書く

対象となる事象について、表面に表れている事実を説明するのみならず、その事実が生起した背景や原因、経過などを整理して書き表すことである。

◇意見を述べる文章を書く

理由や事例を明確にしながら、筋道を立てて自分の考えを述べることである。

C　読むこと

⑴　読むことに関する事項

〔第１・２学年〕

◇時間的な順序

時間の経過に基づいた順序のことである。

◇事柄の順序

事物の作り方の手順など文章の内容に関わる順序に加え、どのように文章を構成しているかという文章表現上の順序なども意味する。

◇内容の大体を捉える

一つの段落など文章の特定の部分にとどまらず、文章全体に何が書かれているかを大づかみに把握することである。

◇文学的な文章の内容の大体を捉えること

場面の様子や登場人物の行動、会話などを手掛かりとしながら、物語の登場人物や主な出来事、結末などを大づかみに捉えることである。

◇文章の中の重要な語や文

書き手が述べている事柄を正確に捉えるために、時間や事柄の順序に関わって文章の中で重要になる語や文、読み手として必要な情報を適切に見付ける上で重要になる語や文などのことである。

◇考えて選び出す

例えば、「書き手が伝えたいことは何かを考える」、「自分が知るべきことについて詳しく知る」といったことを意識しながら、重要だと考えられる語や文を文章の中から見付けることである。

◇場面の様子に着目する

登場人物の行動を具体的に想像する上で、物語の中のどの場面のどのような様子と結び付けて読むかを明らかにすることである。

◇登場人物の行動を具体的に想像する

着目した場面の様子などの叙述を基に、主人公などの登場人物について、何をしたのか、どのような表情・口調・様子だったのかなどを具体的にイメージしたり、行動の理由を想像したりすることである。

◇文章の内容と自分の体験とを結び付ける

文章の内容を、自分が既にもっている知識や実際の経験と結び付けて解釈し、想像を広げたり理解を深めたりすることである。

◇感想をもつ

文章の内容に対して児童一人一人が思いをもつことである。

◇文章を読んで感じたことや分かったこと

文章の構造と内容を把握し、精査・解釈することを通して、「おもしろいな」と感じたり「なるほど」と気付いたりすることである。

◇共有する

互いの思いを分かち合ったり、感じ方や考え方を認め合ったりすることであり、感想などを書いて読み合ったり発表したりするなど様々な言語活動によって行うことが考えられる。

〔第3・4学年〕

◇段落相互の関係

考えとその事例、結論とその理由といった関係などのことである。

◇事例

書き手の考えを具体的に説明するために挙げられた事柄や内容のことである。

◇要約する

文章全体の内容を正確に把握した上で、元の文章の構成や表現をそのまま生かしたり自分の言葉を用いたりして、文章の内容を短くまとめることである。

◇登場人物の気持ちの変化について、場面の移り変わりと結び付けて具体的に想像する

場面の移り変わりとともに描かれる登場人物の気持ちが、どのように変化しているのかを具体的に思い描くことである。

◇文章を読んで理解したことに基づく

文章の内容や構造を捉え、精査・解釈しながら考えたり理解したりしたことを基にするということである。

◇感想や考えをもつ

文章を読んで理解したことについて、自分の体験や既習の内容と結び付けて自分の考えを形成することである。

◇文章を読んで感じたことや考えたこと

文章の構造と内容を把握し、精査・解釈することを通して、感想をもったり考えたりしたことである。

◇共有し、一人一人の感じ方などに違いがあることに気付く

同じ文章を読んでも、一人一人の感じ方などに違いがあることに気付くとともに、互いの感じたことや考えたことを理解し、他者の感じ方などのよさに気付くことが大切である。

〔第5・6学年〕

◇要旨

書き手が文章で取り上げている内容の中心となる事柄や、書き手の考えの中心となる事柄などである。

◇描写

物事の様子や場面、行動や心情などを、読み手が想像できるように描いたものである。

◇目的に応じて、必要な情報を見付ける

書き手の述べたいことを知るために読む、読み手の知りたいことを調べるために読む、知的欲求を満たすために読む、自分の表現に生かすために読むなどの目的に応じて、文章の中から必要な情報を取捨選択したり、整理したり、再構成したりすることである。

◇論の進め方について考える

「事実と感想、意見などとの関係」や「文章全体の構成」などを基に、目的に応じて、書き手は自分の考えをより適切に伝えるために、どのように論を進めているのか、どのような理由や事例を用いることで説得力を高めようとしているのかなどについて考えをもつことである。

◇文章と図表などを結び付けるなどして読む

文章中に用いられている図表などが、文章のどの部分と結び付くのかを明らかにすることによって、必要な情報を見付けたり、論の進め方を捉えたりすることである。

◇表現の効果を考える

想像した人物像や全体像と関わらせながら、様々な表現が読み手に与える効果について自分の考えを明らかにしていくことである。

◇自分の考えをまとめる

文章を読んで理解したことについて、既有の知識や理解した内容と結び付けて自分の考えを形成することである。

◇文章を読んでまとめた意見や感想

文章の構造と内容を把握し、精査・解釈することを通して、意見や感想をもつことである。

(2) 読むことの言語活動例

〔第1・2学年〕

◇分かったことや考えたことを述べる

読んで理解した内容を友達に話したり、読んで考えた感想を文章に書いたりすることである。

◇内容や感想などを伝え合う

物語のあらすじや登場人物の行動などを文章にまとめたり、感想を述べたりすることである。

◇演じる

役割を決めて音読したり、紙芝居を行ったりすることである。

◇分かったことなどを説明する

図鑑や科学的なことについて書いた本を読んで、何を知ったのか、知ったことに対してどう思ったのかなどについて、話したり書いたりすることである。

〔第３・４学年〕

◇内容を説明したり、考えたことなどを伝え合ったりする

物語のあらすじや登場人物の行動や気持ちなどを説明したり、それらを基に考えたことや具体的に想像したことなどを文章にまとめたり発表したりすることである。

◇分かったことなどをまとめて説明する

何が分かったのか、なぜ疑問に思ったのか、どこを更に調べたいのかなどについてまとめ、話したり書いたりすることである。

〔第５・６学年〕

◇自分の生き方などについて考えたことを伝え合ったりする

読み取った人物の生き方などから、これからの自分のことについて考え、文章にまとめたり発表したりすることである。

◇複数の本や新聞など

同じテーマについて異なる書き手による本や文章、異なる新聞社による新聞記事などが挙げられる。本や新聞のほかに、雑誌、インターネットから得た情報などを活用することも考えられる。

◇調べたり考えたりしたことを報告する

複数の本や新聞などに書かれていることを比較、分類、関係付けるなどして分かったことと、それらを基に考えたことをまとめて、文章に書いたり発表したりすることである。

おわりに

令和３年１月の中教審答申において、令和の日本型学校教育の構築を目指す方向が示された後、次期学習指導要領の改訂に向けた審議が進んでいます。この中で、「個別最適な学び」「協働的な学び」の実現を図るために、学習活動の充実の方向を改めて捉え直し、ICTの新たな可能性を指導に生かすことで、「主体的・対話的で深い学び」の実現に向けた更なる授業改善の必要性が指摘されています。2027年に改訂学習指導要領が告示されるとなると、2030年４月からは全国の学校にデジタル教科書が配布され、それを活用した新しい各教科等の授業が展開されることになりそうです。

不易流行という言葉があります。この本来の意味は、不変の中に変化を取り入れていくことです。新しさを求めて変化をすることが世の常であるという教訓として受け止めることができます。教育には不易と流行の両面があるとの認識に立つと、二項対立、二律背反に陥りがちです。現在の国語科では、「言葉による見方・考え方」を深めることが重要とされています。本や文章、話される内容を正確に理解できているか、相手や目的、状況に応じて的確に表現できているかを問い直し、問い続ける、そして言葉を吟味し言葉にこだわりをもつ、つまり言葉に自覚的になるような指導が一層求められます。これらは国語科の生命線であり、不易であります。こうした不易の中に、時代とともに変化していく言葉やデジタル時代のインターネットの言葉とどのように関わっていくかといった流行は、決してかけ離れたものではないのです。

超スマート社会（Society 5.0時代）が到来しています。令和初期、もう既にその序章は始まっています。日本が諸外国から遅れをとる中で急展開しているGIGAスクール構想をはじめとするデジタル化、そして国際化、グローバル化、日本特有の少子高齢化、人口減少、一方で長寿命化（人生100年時代）等、社会が大きく変化していく中、言葉の力は極めて重要です。インターネット上の匿名による書き言葉が凶器となっていることを憂いています。国語科には、言葉のもつ力を実感できる教育が期待されています。言葉と共に生きていくための根底には、「言葉は、ときに人を励まし、ときに人を傷つける」ことを学ぶ必要があります。初等教育段階においては、とりわけ、人が言葉で他者と関わるときに相手の心まで慮って使うことのできる力、言葉のもつ力を自覚して自分自身を高めることのできる力を育んでいきたいものです。

本書の編集に当たり、東洋館出版社の西田亜希子さま、イラストレーターの池田馨さまにお力添えいただいたこと、この場をお借りして感謝の意を表します。

2025年１月吉日　樺山　敏郎

引用・参考文献

・文部科学省『小学校学習指導要領解説　国語編』平成 20 年告示
・文部科学省『小学校学習指導要領（平成 29 年告示）解説　国語編』
・中央教育審議会『「令和の日本型学校教育」の構築を目指して～全ての子供たちの可能性を引き出す、個別最適な学びと、協働的な学びの実現～」（答申）、令和３年
・中央教育審議会、幼稚園、小学校、中学校、高等学校及び特別支援学校の学習指導要領等の改善及び必要な方策等について（答申）、平成 28 年 12 月 21 日
・中央教育審議会初等中等教育分科会教育課程部会「児童生徒の学習評価の在り方について（報告）」平成 31 年 1 月 21 日
・初等中等教育局長通知「小学校、中学校、高等学校及び特別支援学校等における児童生徒の学習評価及び指導要録の改善等について（通知）」平成 31 年３月 29 日
・文部科学省 国立教育政策研究所 教育課程研究センター、『「指導と評価の一体化」のための学習評価に関する参考資料』令和２年３月
・樺山敏郎編著『平成 29 年改訂　小学校教育課程実践講座　国語』2017、ぎょうせい
・樺山敏郎ほか編著『資質・能力を育成する小学校国語科授業づくりと学習評価』2021、明治図書
・樺山敏郎著『個別最適な学び・協働的な学びを実現する「学びの文脈」 学級・授業・学校づくりの実践プラン』2022、 明治図書
・樺山敏郎編著『個別最適な学び・協働的な学びを実現する「学びの文脈」2、ラーニング・マウンテンを活用した授業づくりの実践プラン』2024、明治図書

執筆協力者

※ 2025 年 1 月現在

荒木　昭人　　神奈川県相模原市教育委員会教職員人事課　副主幹
尾崎　裕樹　　鹿児島県霧島市教育委員会学校教育課　課長補佐兼指導主事
小畑　大樹　　東京都葛飾区立清和小学校　主任教諭
小林　詠二　　茨城県桜川市教育委員会教育指導課　課長
坂野　郁雄　　北海道千歳市立信濃小学校　教諭
里道　和泉　　東京都国立市立国立第二小学校　教諭
菅原　瞳美　　東京都目黒区立鷹番小学校 教諭
須永　知美　　千葉県印西市立原小学校　教諭
髙橋　聡子　　岩手県二戸市立金田一小学校　校長
田畑　彰紀　　神奈川県横浜市立富士見台小学校　副校長
積田　裕子　　千葉県長生郡長柄町立日吉小学校　校長
成田　修子　　茨城県桜川市立樺穂小学校　指導教諭
樋口　　浩　　埼玉県さいたま市立大成小学校　教頭
藤田　陽子　　茨城県ひたちなか市立市毛小学校　スマイルスタディ・サポーター

著者紹介

樺山　敏郎（KABAYAMA　Toshiro）
大妻女子大学　教授

研究室 WEB

早稲田大学大学院教育学研究科卒（教育学修士）
鹿児島県内公立小学校教諭、教頭、教育委員会指導主事を歴任後、2006 年度から 2014 年度まで文部科学省国立教育政策研究所学力調査（兼）教育課程調査官を務める。2015 年度より現大学へ。2022 年度より現職。

教育出版小学校国語・中学校国語教科書編集委員
著書に、『個別最適な学び・協働的な学びを実現する「学びの文脈」学級・授業・学校づくりの実践プラン（2022、明治図書）、『読解×記述　重層的な読みと合目的な書きの連動』（2022、教育出版）がある。
編著書には、『個別最適な学び・協働的な学びを実現する「学びの文脈」2　ラーニング・マウンテンを活用した授業づくりの実践プラン』（2024、明治図書）、『資質・能力を育成する小学校国語科授業づくりと学習評価』（2021、明治図書）、『平成 29 年改訂　小学校教育課程実践講座　国語』（2017、ぎょうせい）などがある。

イラスト図解で すっきりわかる国語

2025（令和 7）年 3 月 15 日　初版第 1 刷発行

著　者：樺山敏郎

発行者：錦織圭之介

発行所：株式会社 東洋館出版社

〒101-0054

東京都千代田区神田錦町 2 丁目 9 番 1 号

コンフォール安田ビル 2 階

代　表　電話 03-6778-4343　FAX 03-5281-8091

営業部　電話 03-6778-7278　FAX 03-5281-8092

振　替　00180-7-96823

U R L　https://www.toyokan.co.jp

イラスト：池田 馨（株式会社オセロ）

図版：株式会社オセロ

装幀・本文デザイン：藤原印刷株式会社

組版：藤原印刷株式会社

印刷・製本：藤原印刷株式会社

ISBN 978-4-491-05677-7

Printed in Japan